AF282979

Desarrollo de aplicaciones web distribuidas

Antonio Luis Cardador Cabello

Desarrollo de aplicaciones web distribuidas
© Antonio Luis Cardador Cabello

1ª Edición

© IC Editorial, 2024

Editado por: IC Editorial
c/ Cueva de Viera, 2, Local 3
Centro Negocios CADI
29200 Antequera (Málaga)
Teléfono: 952 70 60 04
Fax: 952 84 55 03
Correo electrónico: iceditorial@iceditorial.com
Internet: www.iceditorial.com

ISBN: 978-84-1184-301-0
Depósito Legal: MA 1597-2024

Impresión: PODiPrint
Impreso en Andalucía – España

Nota de la editorial: IC Editorial pertenece a Innovación y Cualificación S. L.

Presentación del manual

El **Certificado de Profesionalidad** es el instrumento de acreditación, en el ámbito de la Administración laboral, de las cualificaciones profesionales del Catálogo Nacional de Cualificaciones Profesionales adquiridas a través de procesos formativos o del proceso de reconocimiento de la experiencia laboral y de vías no formales de formación.

El elemento mínimo acreditable es la **Unidad de Competencia.** La suma de las acreditaciones de las unidades de competencia conforma la acreditación de la competencia general.

Una **Unidad de Competencia** se define como una agrupación de tareas productivas específica que realiza el profesional. Las diferentes unidades de competencia de un certificado de profesionalidad conforman la **Competencia General,** definiendo el conjunto de conocimientos y capacidades que permiten el ejercicio de una actividad profesional determinada.

Cada **Unidad de Competencia** lleva asociado un **Módulo Formativo,** donde se describe la formación necesaria para adquirir esa **Unidad de Competencia,** pudiendo dividirse en **Unidades Formativas.**

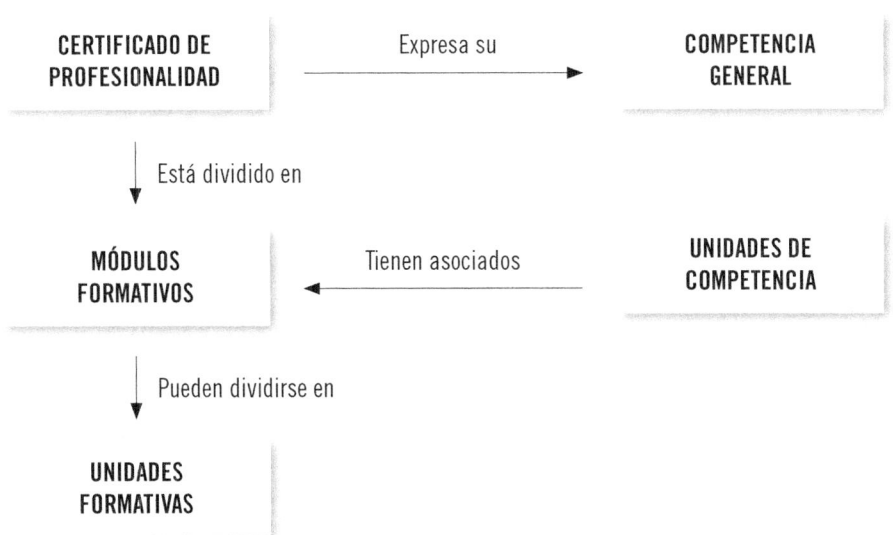

El presente manual desarrolla la Unidad Formativa **UF1846: Desarrollo de aplicaciones web distribuidas,**

perteneciente al Módulo Formativo **MF0492_3: Programación web en el entorno servidor,**

asociado a la unidad de competencia **UC0492_3: Desarrollar elementos de *software* en el entorno servidor,**

del Certificado de Profesionalidad **Desarrollo de aplicaciones con tecnologías web.**

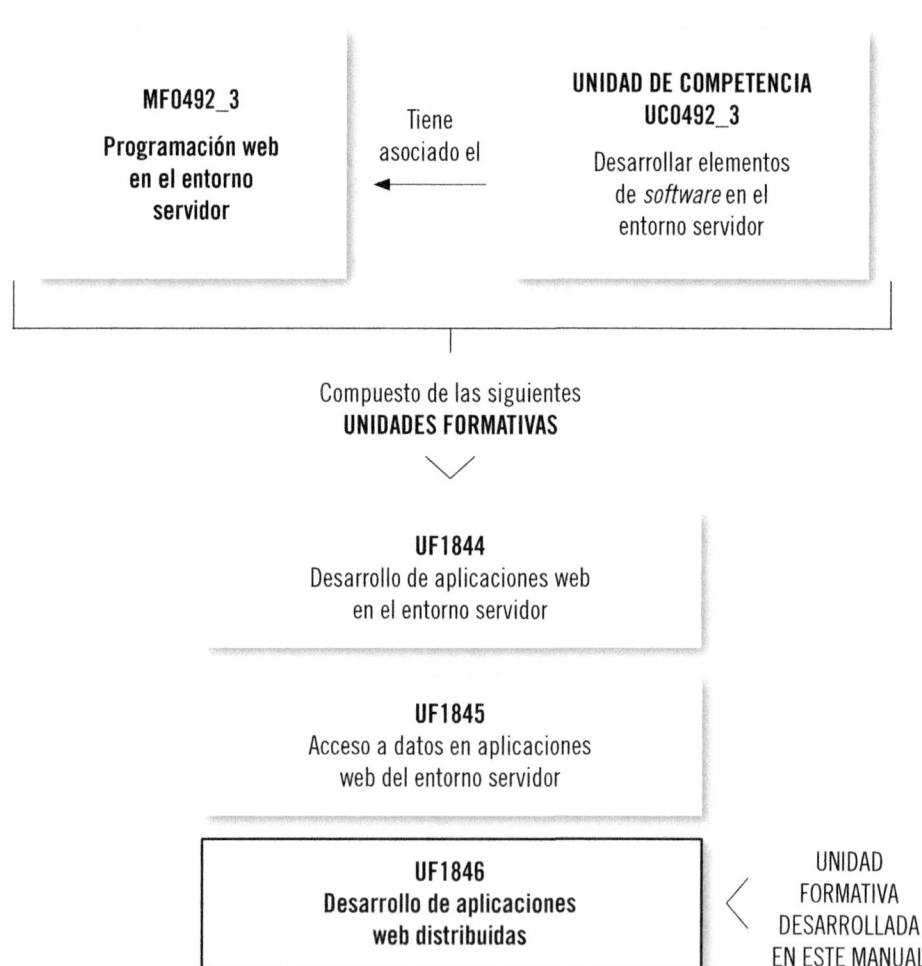

MF0492_3

Programación web en el entorno servidor

Tiene asociado el

UNIDAD DE COMPETENCIA UC0492_3

Desarrollar elementos de *software* en el entorno servidor

Compuesto de las siguientes
UNIDADES FORMATIVAS

UF1844
Desarrollo de aplicaciones web en el entorno servidor

UF1845
Acceso a datos en aplicaciones web del entorno servidor

UF1846
Desarrollo de aplicaciones web distribuidas

UNIDAD FORMATIVA DESARROLLADA EN ESTE MANUAL

FICHA DE CERTIFICADO DE PROFESIONALIDAD

(IFCD0210) DESARROLLO DE APLICACIONES CON TECNOLOGÍAS WEB (R. D. 1531/2011, de 31 de octubre modificado por el R. D. 628/2013, de 2 de agosto)

COMPETENCIA GENERAL: Desarrollar documentos y componentes *software* que constituyan aplicaciones informáticas en entornos distribuidos utilizando tecnologías web, partiendo de un diseño técnico ya elaborado, realizando, además, la verificación, documentación e implantación de los mismos.

Cualificación profesional de referencia		Unidades de competencia	Ocupaciones o puestos de trabajo relacionados:
IFC154_3 DESARROLLO DE APLICACIONES CON TECNOLOGÍAS WEB (R. D. 1087/2005, de 16 de septiembre)	UC0491_3	Desarrollar elementos de *software* en el entorno cliente.	• 3820.1017 Programadores de aplicaciones informáticas. • 3814.1010 Técnicos de la web. • Programador web. • Programador multimedia.
	UC0492_3	Desarrollar elementos de *software* en el entorno servidor.	
	UC0493_3	Implementar, verificar y documentar aplicaciones web en entornos internet, intranet y extranet.	

Correspondencia con el Catálogo Modular de Formación Profesional

Módulos certificado	Unidades formativas	Horas
MF0491_3: Programación web en el entorno cliente	UF1841: Elaboración de documentos web mediante lenguajes de marcas	60
	UF1842: Desarrollo y reutilización de componentes *software* y multimedia mediante lenguajes de guión	90
	UF1843: Aplicación de técnicas de usabilidad y accesibilidad en el entorno cliente	30
MF0492_3: Programación web en el entorno servidor	UF1844: Desarrollo de aplicaciones web en el entorno servidor	90
	UF1845: Acceso a datos en aplicaciones web del entorno servidor	90
	UF1846: Desarrollo de aplicaciones web distribuidas	60
MF0493_3: Implantación de aplicaciones web en entornos internet, intranet y extranet		90
MP0391: Módulo de prácticas profesionales no laborales		80

Índice

Capítulo 1
Arquitecturas distribuidas orientadas a servicios

Contenido

1. Introducción

La programación distribuida es un nuevo modelo de programación para resolver problemas de un tamaño considerable a través de un gran número de ordenadores organizados en una red dotada de unas comunicaciones distribuidas.

Se entiende por sistema distribuido a esa colección de ordenadores que están separados físicamente pero conectados entre sí por una red de comunicaciones distribuida. Cada ordenador que está conectado a esta red distribuida posee sus propios componentes *hardware* y *software*.

Normalmente el usuario desconoce que está accediendo a un sistema distribuido, ya que esto no es importante para él. Accederá al RPC (recursos remotos de las máquinas) de la misma forma que si lo hiciera a un recurso local de su máquina.

Los sistemas distribuidos tienen que ser bastante fiables, dado que si un ordenador de esa red no está disponible hay que tomar la decisión de que se reemplace por otro que haga su trabajo (tolerancia a fallos).

El tamaño de estos sistemas distribuidos es bastante variable, por ello se habla de escalabilidad (puede ir de una decena a millones de ordenadores resolviendo un problema).

2. Características generales de las arquitecturas de servicios distribuidos

Un sistema distribuido deberá cumplir una serie de características o propiedades para garantizar un funcionamiento correcto y óptimo. Estas características son:

- Transparencia.
- Escalabilidad.
- Fiabilidad y tolerancia a fallos.
- Consistencia.

Ejemplo de sistemas distribuidos

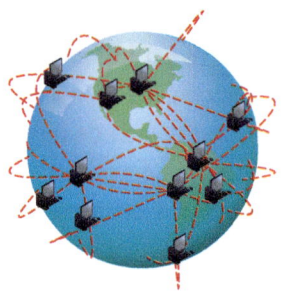

2.1. Transparencia

Cuando se habla de transparencia se hace referencia al hecho de que ni el usuario ni las aplicaciones que este usa saben que están frente a un sistema distribuido, es decir, más bien parece que está siendo todo gestionado por una sola máquina. Asimismo, la distribución física de los recursos que componen el sistema distribuido debe ser transparente para el usuario. La propiedad de transparencia dentro de un sistema distribuido se aplica en varias partes, tales como las que se describen a continuación.

Identificación

Los recursos de los cuales consta un sistema distribuido han de ser totalmente independientes de la topología de red y de la distribución de estos mismos. Una aplicación no tiene por qué saber en qué lugar se encuentra el recurso, simplemente lo llama y lo utiliza para obtener los resultados esperados.

Ubicación física de recursos

Esto implica que ni el usuario ni la aplicación tienen que conocer el recurso, ni en qué nodo del sistema distribuido se encuentra este. Gracias a ello, si un nodo que tiene un recurso falla, se puede sustituir sin que el usuario o la aplicación lo noten.

Réplicas o cantidades de recursos

Ni el usuario ni las aplicaciones conocen la cantidad o unidades de recursos disponibles, ni si el sistema añade o elimina copias de un recurso.

 Nota

Si el recurso compartido fuera una impresora y varias aplicaciones intentan imprimir, se debe evitar el colapso en la impresora y procurar que esta atienda correctamente las peticiones.

Paralelismo

Siempre y cuando se pueda y no afecte a la ejecución, una aplicación puede ejecutarse paralelamente sin que el usuario o la aplicación tengan constancia de ello. No todo puede ser ejecutado paralelamente, eso sí, el código que se pueda ejecutar paralelamente será ejecutado mucho más rápido que uno que sea secuencial.

Compartición de recursos

Si un recurso de un sistema distribuido intenta ser accedido al mismo tiempo por varias aplicaciones, no deberá haber efecto alguno sobre dicho recurso.

Rendimiento

Obviamente, todo lo anterior se tiene que implementar sobre un sistema distribuido sin que esto afecte a su rendimiento. Se debe conseguir un punto intermedio entre todas las características de un sistema distribuido.

Sabía que...

Los sistemas por lotes, también conocidos como procesamiento por lotes, son un tipo de sistemas informáticos que se caracterizan por la gran cantidad de información que procesan con la escasa participación del usuario.

2.2. Escalabilidad

Cuando se habla de escalabilidad se hace referencia al hecho de poder hacer crecer el sistema distribuido (aumentando sus recursos) sin que afecte a su rendimiento ni a su complejidad. La escalabilidad abarca dos conceptos fundamentales en un sistema distribuido:

- **Espacio de nombres.** Este permite la identificación de objetos de diferente índole o naturaleza (tales como ficheros, procesos, variables, etc.) para que se puedan usar. La jerarquía y la escalabilidad son dos características importantes a tener en cuenta dentro de un espacio de nombres.
- **Rendimiento o complejidad de recursos.** Es necesario encontrar un cierto equilibrio entre tamaño del sistema, rendimiento y complejidad. De nada vale una aplicación muy compleja pero con poco rendimiento. Tampoco sirve algo que no es complejo aunque rinda mucho.

Sabía que...

En un sistema centralizado de tiempo compartido, el tiempo compartido consiste en el uso de un sistema por más de una persona a la misma vez. Este tiempo compartido es el encargado de ejecutar concurrentemente las tareas a realizar.

2.3. Fiabilidad y tolerancia a fallos

Cuando se habla de fiabilidad se hace referencia a la capacidad que tiene que tener el sistema distribuido para realizar las tareas en todo momento correctamente, objetivo con el que ha sido diseñado. La fiabilidad abarca dos conceptos:

- **Disponibilidad.** Se puede considerar como el instante de tiempo en el que el sistema está operativo. La disponibilidad se puede incrementar de dos formas: utilizando mejores componentes y diseñando réplicas de recursos (así, si algún recurso cae se puede usar su réplica sin que la aplicación lo note). El sistema distribuido se forma de recursos que son la suma de *hardware* + *software*. No se puede garantizar siempre el buen funcionamiento de ambos, sin embargo, si están replicados, en el momento que uno falle se podrá usar otro (por ejemplo una estructura de directorios duplicada).
- **Tolerancia a fallos.** Aunque se replique es imposible que se pueda controlar al 100 % que no se produzcan fallos en el sistema distribuido. Por eso la tolerancia a fallos consiste en que cuando se produce un fallo se tenga la capacidad de seguir operando correctamente ocultando o enmascarando dicho fallo. De hecho, la tolerancia a fallos implica dos factores: detectar el fallo y continuar con el servicio dado.

2.4. Consistencia

En un sistema distribuido también está todo distribuido físicamente, con lo cual es muy importante la comunicación entre los recursos distribuidos para garantizar un correcto funcionamiento del sistema. Además de una buena y óptima comunicación es muy importante el estado global del sistema (en particular el estado de cada recurso). Distribuir los recursos puede acarrear situaciones de inconsistencia entre los componentes del sistema que se deben evitar a toda costa.

Ejemplo

Imagine que cada recurso que integra el sistema distribuido tuviera su propia hora, esto sería una medida un poco inconsistente, siendo mucho mejor dotar al sistema de un reloj global al que accedieran todos los recursos.

Todas estas características o propiedades anteriores hacen que los sistemas distribuidos tengan una serie de objetivos que se describen a continuación:

- **Alto rendimiento.** Cualquier aplicación paralela puede ser convertida en distribuida. Se puede usar una red local para distribuir entre los nodos de la red la tarea a realizar con el fin de usar todos los equipos y reducir tiempos. Anteriormente, estos tipos de nodos solían ser supercomputadores, pero hoy en día están siendo reemplazados por ordenadores personales (debido especialmente a su precio más económico).
- **Tolerancia a fallos.** Es preciso replicar la información varias veces pero sin afectar la integridad de la misma (de nada sirve tenerla replicada si las réplicas que se realizan no son válidas ni correctas).
  Ejemplo: en el caso de que una sede bancaria no tuviera replicada la información de sus cuentas y clientes en varios servidores, correría el riesgo de que si falla su único ordenador se quedaría sin información para poder trabajar.
- **Alta disponibilidad.** Hoy en día se tiende a dar un servicio lo más rápido posible al usuario o a la aplicación que solicita dichos servicios. En los casos más fáciles se usan técnicas de replicación que tienen en cuenta la zona geográfica desde la que se solicita el servicio para redirigirlo a un recurso próximo y disminuir tiempos. Un ejemplo de este tipo de redes son las *BitTorrent.*
- **Movilidad.** Actualmente existen cientos de dispositivos electrónicos personales como: ordenador, portátil, PDA, *Smartphone,* etc. Lo ideal es que la información se actualice correctamente independientemente desde donde se acceda, es decir, si un usuario accede desde su móvil al correo y elimina un mensaje, si después accede desde su ordenador

portátil debería tener eliminado dicho mensaje. Por ejemplo *Gmail* de *Google* cumple con lo citado anteriormente.

- **Ubicuidad.** Los recursos de un sistema distribuido están libremente distribuidos. El usuario o aplicación pedirá recursos y el sistema se encargará de ofrecer los recursos en función de las necesidades del usuario y de la naturaleza y disponibilidad de aquellos.

 Actividades

1. Realice un esquema sintáctico (lo más breve posible en un folio A4 apaisado) sobre las características generales de un sistema distribuido.

3. Modelo conceptual de las arquitecturas orientadas a servicios

Desde los inicios de la informática las empresas han ido desarrollando sus actividades y sus servidores en base a las necesidades de negocio, bien para ser usados de forma aislada, o bien para ser empleados de forma muy ligera en la red. En el momento que comienza la expansión a nivel mundial de una empresa se hace necesario aumentar las capacidades de sus sistemas informáticos, pero no solo es preciso aumentar, sino integrar todo en uno para que se realicen de forma correcta las actividades. Intentar integrar algo que no ha sido diseñado para ese fin es una tarea bastante complicada, por eso surge la Arquitectura Orientada a Servicios (SOA), la cual consta de actividades o procesos que están diseñados para ofertar servicios. Un servicio es un componente *software* bien definido e independiente de su implementación (transportable).

Un servicio web es una definición en un lenguaje estándar de un programa objeto, base de datos, etc. Un servicio web se rige por los siguientes estándares:

- El lenguaje en que los servicios son descritos.
- El protocolo de comunicación de mensajes escritos (SOAP).

- La descripción de los tipos de datos y estructuras de los servicios web (WSDL).
- El mecanismo para publicar y encontrar los servicios (UDDI).

Sabía que...

En los sistemas de teleproceso (red telefónica) el teleprocesamiento se produce cuando se tiene la capacidad de trabajar interactivamente con un sistema remoto, el cual permite entrar en él y tratar como un proceso más que esté ejecutando.

Luego, en la Arquitectura Orientada a Servicios (SOA) la funcionalidad se divide en servicios que pueden ser distribuidos en diferentes nodos conectados a través de una red y que asimismo son combinados entre sí para alcanzar el resultado adecuado. Estos servicios que se dividen pueden proporcionar datos a otros servicios o ser los coordinadores entre distintos servicios para que lleven a cabo un determinado trabajo. Por tanto, el servicio va a ser la unidad básica en una arquitectura orientada a objetos.

3.1. Basado en mensajes

Inicialmente los servicios web eran muy simples, sin embargo, a medida que se ha ido desarrollando la tecnología estos entornos han necesitado conectarse entre sí y colaborar unos con otros para llevar a cabo unas determinadas tareas, es decir, precisan comunicarse.

Existen dos tipos de comunicación entre servicios:

- **Modelo de orquestación.** Este modelo se fundamenta en el uso de un mecanismo de control que está centralizado y que realiza la función de director de orquesta, es decir, es el encargado de dirigir las actividades (una actividad es una interacción con un servicio). La orquestación define el comportamiento y la forma de llevar a cabo los eventos de manera que son supervisados centralmente.

■ **Modelo de coreografía.** Este modelo se fundamenta en el comportamiento que debe observarse antes de que ambas partes se comuniquen. Cada servidor desarrolla este modelo independientemente de la comunicación, la única regla es que no pueden incumplir el contrato global que supone la coreografía. La ejecución y el control corren por parte de los participantes en la comunicación.

Siempre que se hable de Arquitectura Orientada a Servicios (SOA) surge el concepto de metadatos. Los metadatos se definen como datos que describen otros datos. Estos metadatos son imprescindibles en esta arquitectura, así como sus características e implementación. Los metadatos tienen que cumplir dos requisitos fundamentales:

■ Tienen que entregarse de forma que puedan usarse directamente (sin tener que modificarlos).
■ Tienen que permitir ser entendidos por diseñadores para ser usados de forma adecuada.

 Nota

Los equipos personales (PC) están diseñados para el uso de una sola persona y suelen estar disponibles en dos modelos: portátiles y de escritorio.

Se sabe de las necesidades que hoy en día tiene una empresa por hacerse visible en internet, y ya no solo por hacerse visible, sino por desarrollar un conjunto de aplicaciones que permitan una comunicación global o a nivel mundial para dicha empresa.

Como todo en la historia de la informática se comenzó desarrollando el conjunto de aplicaciones especializadas para una determinada empresa, pero esto hacía prácticamente imposible diferenciar entre plataforma de desarrollo y plataforma de instalación del *software*. Además, dado que no se basaba en estándares, migrar el desarrollo del *software* a otra plataforma se convertía en una tarea de alto riesgo.

Para dar solución al problema de estandarización anterior nació SOAP *(Simple Object Access Protocol)*. Este protocolo no tiene dependencia de la plataforma, de los modelos de desarrollo y de los lenguajes de programación con los que haya sido implementado. Es decir, simplemente se usa SOAP bajo unas determinadas características, luego SOAP aparece en el mercado como una tecnología que permite la comunicación y la interoperabilidad entre las distintas aplicaciones web de una empresa desarrolladas bajo tecnologías totalmente diferentes (una puede ser programada con *Visual Basic,* otra con C#, etc.).

SOAP fue presentado en el mercado en el año 1999 por las empresas *Microsoft Corp.* y *Userland Software* principalmente (aunque intervinieron en su desarrollo y puesta a punto muchas más empresas líderes del sector).

SOAP es muy parecido a RPC *(Remote Procedure Call),* protocolo que permite a un programa de un ordenador ejecutar código en otra máquina remota sin tener que preocuparse de la forma en la que se van a comunicar ambas, liberando al programador de las tareas de las comunicaciones entre equipos y descargando esta responsabilidad en RPC. RPC es muy usado en las arquitecturas Cliente/Servidor. Sin embargo SOAP se diferencia de RPC en los siguientes puntos:

- Modelo descentralizado. Al ser distribuido no se tiene idea de dónde se encuentran los servicios o recursos.
- Uso de XML (Lenguaje de Marcado Extensible) que describe el contenido y cómo debe ser procesado.
- Definición de estructuras de programación en XML.

Dado que se puede ver como SOAP se basa en XML, es conveniente conocer los componentes básicos de un documento XML, la estructura y sus elementos y atributos.

Componentes básicos de un documento XML

Tal y como se ha comentado anteriormente, XML tiene una descripción de los documentos almacenados de forma que su contenido (fichero XML) sea entendible tanto para programadores como para entidades *software*.

El documento XML más simple que se puede encontrar es aquel que está incluido en un documento de texto, considerándose lo que contiene el archivo de texto como un flujo de datos o secuencia lineal de etiquetas XML listas para ser procesadas por un programador o entidad *software*.

Los componentes en un documento XML son los siguientes:

- Prólogo: no es obligatorio y suele contener una declaración XML (indicando que se trata de un documento XML), una declaración que enlaza el documento con su DTD y uno o más comentarios de procesamiento de datos.
- Cuerpo: no es opcional. Debe contener un único elemento raíz y es necesaria la adquisición de datos para un correcto funcionamiento.
- Elementos: los elementos en XML pueden contener más elementos, caracteres o ambos. (Inclusive pueden estar vacíos).
- Atributos: son parte de los elementos y es una forma de incorporar ciertas características a los mismos. Es obligatorio que vayan entre comillas.
- Entidades predefinidas: se usan para representar caracteres especiales (los que no pueden ser tratados en el procesado XML).

Estructura XML

Cualquier documento XML va a estar estructurado en dos partes fundamentales:

- **Estructura lógica.** Esta estructura permite que el documento pueda dividirse en partes llamadas elementos.
- **Estructura física.** Esta estructura va a contener los componentes del documento que se denominan entidades (una imagen, por ejemplo, puede ser un componente que iría definido en la parte física del documento XML).

Una vez que se conocen las partes en las que se divide el documento XML se tiene que saber la manera de construir dicho documento, dado que existen dos técnicas fundamentalmente:

- **Especificación de XML.** Con este estándar no habrá problema alguno dado que se adapta perfectamente a XML.
- **DTD** *(Document Type Definition).* En este estándar se explican los elementos que son permitidos en el documento.

Introducción a XML

Un documento basado en HTML está constituido a base de etiquetas o marcas (tags). Unas describen cómo debe ser presentado el texto que hay que visualizar en el navegador, y otras son usadas para elementos especiales (título del documento, imágenes, enlaces, etc.). Se puede decir que en HTML se usan etiquetas ya definidas con una determinada sintaxis y funcionalidad, sin embargo, en XML se tiene la libertad de poder crear etiquetas propias. XML se emplea para poder almacenar la información de forma estructurada, es decir, el contenido de un documento XML va a implicar unas ciertas reglas (se debe tener claro que, a diferencia de HTML, XML no dice cómo representar el contenido del documento).

Esquema XML

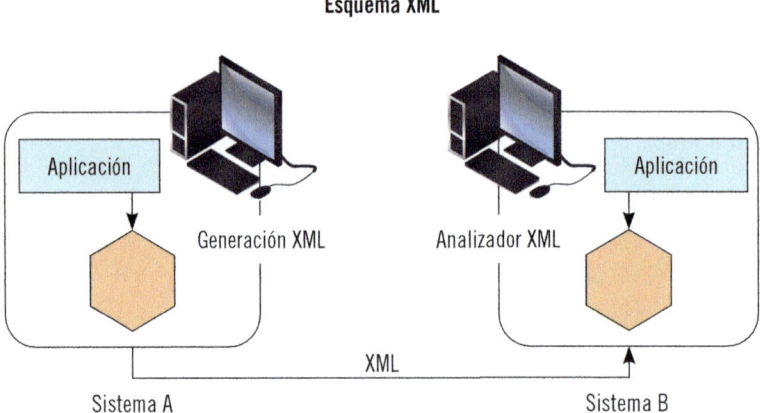

Sistema A — Generación XML — Analizador XML — XML — Sistema B

Luego XML va a proporcionar las herramientas necesarias para almacenar e intercambiar información de una forma estructurada y comprensible por las partes que intervienen en la comunicación.

La gramática de XML se basa en la notación EBNF *(Extended Backup Naur Form)* y cada regla de la gramática define un símbolo de la siguiente forma: Símbolo ::= expresión.

Los símbolos se escriben, generalmente, con mayúscula inicial si provienen de una expresión regular y las cadenas de caracteres suelen encerrarse entre comillas dobles. En la parte derecha de la expresión de la regla anterior se pueden usar los siguientes componentes que se localizan en la tabla que se muestra a continuación:

Componente	Definición
#xNUM	Donde NUM es un entero en hexadecimal. El valor indicado es interpretado como un número binario sin signo.
[a-Za-z],[#xNUM-#xNUM]	Cualquier carácter que esté en el rango indicado.
[^a-z],[^#xNUM-#xNUM]	Cualquier carácter cuyo valor no esté entre los caracteres indicados por el rango.
"string"	Cadena de caracteres.
'string'	Cadena de caracteres.

Estos símbolos pueden usarse conjuntamente con una serie de patrones simples para formar patrones más complejos. En la siguiente tabla se tienen dos expresiones simples (patrones) A y B:

Patrón	Definición
A?	O la expresión simple A o nada.
A B	La expresión simple A continuada de la expresión simple B.

Continúa en página siguiente >>

<< Viene de página anterior

Patrón	Definición
A I B	O la expresión simple A o la expresión simple B, pero no ambas.
A – B	Cualquier cadena que coincide con la expresión simple A pero no con la B.
A +	Una o más apariciones de la expresión simple A.
A*	Cero o más apariciones de la expresión simple A.
/*...*/	Comentario de ayuda para el programador.
[wfc: ...]	Condición para que sea un elemento bien definido.
[vc:...]	Condición para que sea un elemento bien validado.

Luego para un correcto diseño del documento XML se establece que este debe tener una estructura lógica y física. Se puede decir que físicamente se va a construir a base de entidades (que pueden hacer referencia a otras entidades, las cuales son incluidas en el documento).

Como regla principal se anota que todo documento XML comenzará con una entidad raíz generalmente designada como *Document Entity*, y se dice que el documento XML se encuentra correctamente estructurado si:

- Tiene un elemento principal dentro del cual contener otros elementos (tipo árbol jerárquico, con su nodo raíz principal o superior del que cuelga el resto). Este punto implica:

  - El documento puede contener uno o más elementos.
  - En el caso de varios elementos solo puede haber un único elemento principal o raíz.

- Cumple los requerimientos de XML.
- Todas las entidades que componen un elemento están bien definidas e incluidas en el documento.

Un ejemplo de un documento mal formado (las marcas no se anidan correctamente):

```
<saludo>

        Estimado

        <destinatario>Sr. Antonio García Losado

</saludo>

                </destinatario>
```

El mismo documento, bien formado y estructurado, quedaría:

```
<saludo> Estimado

     <destinatario>Sr. Antonio García Losado </destinatario>

</saludo>
```

Se observa el siguiente código en XML:

```
<?xml versión="1.0"?>

<tablas>

        <tabla1>

                <nombre> Estado</nombre>

                <Campos>
```

Continúa en página siguiente >>

<< Viene de página anterior

```
                    <Campo1>
                            <nombre>Codigo</nombre>
                            <tipo>Integer</tipo>
                            <longitud>4</longitud>
                    </Campo1>
                    <Campo2>
                            <nombre>Nombre</nombre>
                            <tipo>Char</tipo>
                            <longitud>30</longitud>
                    </Campo2>
                </Campos>
            </tabla1>
        </tablas>
```

En el ejemplo descrito se tiene un elemento raíz superior llamado "<tablas>". Dentro de este elemento se encuentra el elemento "<tablas1>" y a continuación el nombre que identifica a este elemento "<nombre>Estado </nombre>". Además, en el mismo nivel del elemento anterior se tiene otro elemento "<campos>" que está compuesto a su vez por campo1 y campo2.

Actividades

2. Busque un manual en internet sobre XML y amplíe la información que se ha presentado en la introducción de XML.
3. Defina un código XML para manejar una tabla con los siguientes campos:

 - Código de barras.
 - Nombre de producto.

4. Modifique el código anterior para que incluya:

 - Precio de costo del producto.
 - Precio de venta del producto.

5. Modifique el código anterior para que incluya otra tabla que contenga tres tipos de IVA:

 - Reducido 10 %.
 - Normal 21 %.
 - Extra 25 %.

 Aplicación práctica

Realice un documento en XML que permita manejar dos tablas con las siguientes informaciones:

 - **Tabla1: nombre, apellidos, DNI.**
 - **Tabla2: código, nombre, descripción.**

Continúa en página siguiente >>

<< Viene de página anterior

SOLUCIÓN

El código quedaría como el que se puede ver a continuación.

```xml
<?xml versión=”1.0”?>
<tablas>
    <tabla1>
        <nombre>tabla1</nombre>
        <Campos>
            <Campo1>
                <nombre>Nombre</nombre>
                <tipo>Char</tipo>
                <longitud>50</longitud>
            </Campo1>
            <Campo2>
                <nombre>Apellidos</nombre>
                <tipo>Char</tipo>
                <longitud>100</longitud>
            </Campo2>
            <Campo3>
                <nombre>dni</nombre>
                <tipo>Char</tipo>
                <longitud>10</longitud>
            </Campo3>
```

Continúa en página siguiente >>

<< Viene de página anterior

```
            </Campos>
        </tabla1>
        <tabla2>
            <nombre>tabla2</nombre>
            <Campos>
                <Campo1>
                    <nombre>Código</nombre>
                    <tipo>Int</tipo>
                    <longitud>50</longitud>
                </Campo1>
                <Campo2>
                    <nombre>Nombre</nombre>
                    <tipo>Char</tipo>
                    <longitud>100</longitud>
                </Campo2>
                <Campo3>
                    <nombre>Descripcion</nombre>
                    <tipo>Char</tipo>
                    <longitud>10</longitud>
                </Campo3>
            </Campos>
        </tabla2>
    </tablas>
```

Elementos

Las etiquetas XML (muy parecidas a las de los lenguajes de marcado, como por ejemplo HTML) dan nombre, ordenan e identifican objetos en un flujo de datos (el documento XML estaba definido por un flujo de etiquetas). Su sintaxis básica es una etiqueta de inicio, una etiqueta de fin y los datos encerrados entre ambas etiquetas. La sintaxis anterior es lo que compone el elemento. Se muestra un ejemplo de documento XML:

```
<?xml version="1.0" encoding='iso-8859-1' ?>
    <micasa>
        <habitacion id='comedor'>
            <mueble>aparador </mueble>
            <mueble>sofá</mueble>
            <puerta a='balcón' />
        </habitacion>
    </micasa>
```

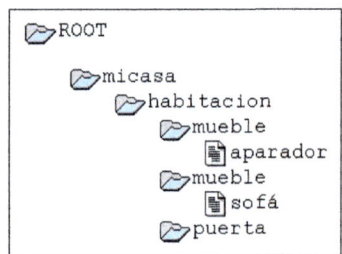

En este ejemplo se define el elemento "micasa" que contiene a su vez el elemento "habitación" que a su vez contiene los elementos "aparador", "sofá" y "puerta".

Aplicación práctica

Realice un documento en XML que permita manejar los elementos correspondientes a una persona (DNI, nombre, apellidos y dirección). Los elementos deben depender todos del DNI.

SOLUCIÓN

El código quedaría como el que se muestra a continuación:

```xml
<?xml version="1.0" encoding='iso-8859-1' ?>
    <persona>
        <DNI id='dni_persona'>
            <nombre>nombre</nombre>
            <apellidos>apellidos</apellidos>
            <direccion>dirección</direccion>
        </DNI>
    </persona>
```

Atributos

En XML para un elemento en concreto se puede, mediante el uso de atributos, enviar información de su contenido además de su nombre. Los atributos son un mecanismo disponible en XML para agregar información acerca de otra información (metadatos y siempre relativos a elementos). Un atributo va a constar de un nombre y su correspondiente valor.

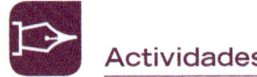

Actividades

6. Realice una búsqueda en internet para obtener información sobre la especificación de XML (características, funcionamiento, etc.).

Funcionamiento de SOAP

En la siguiente figura se ilustra cómo un cliente se pone en contacto con un servidor o viceversa.

Mensajes SOAP con HTML

En la imagen se muestra cómo en el paso (1) el servidor *Java* publica su servicio mediante WDSL en UDDI. Con esto se pretende que el Cliente.Net pueda descubrir el servicio publicado. Una vez descubierto puede hacer uso de él mediante los pasos (3) y (4) utilizando XML. El paso (5) es el procesamiento de ese mensaje SOAP, y si se observan los pasos (6) y (7) se muestra la respuesta a ese mensaje SOAP dirigida al Cliente.Net.

Uno de los puntos clave en el funcionamiento de SOAP es que las aplicaciones tienen que ser totalmente independientes del lenguaje en que hayan sido desarrolladas. Un cliente puede usar una aplicación construida con HTML y ponerse en contacto con un servidor implementado con Java o C#. Luego se puede afirmar que SOAP es un mecanismo que va a dar soporte a diferentes protocolos informáticos que se usan en la comunicación entre dos o más puntos. Esta comunicación se realiza a base de mensajes, y estos mensajes constan de tres partes fundamentales que son:

- **Envelope.** Su traducción es sobre o envoltura y es el elemento raíz del mensaje que describe su contenido y la forma en que este tiene que ser procesado por el programador o aplicación *software*.
- **Header.** Su traducción es encabezado y es la información que identifica el contenido. Son un grupo de reglas de codificación que expresan los datos definidos.
- **Body.** Su traducción es cuerpo y es un estándar para representar llamadas y/o respuestas de otros procedimientos remotos.

En la siguiente imagen se muestra cómo quedaría un mensaje SOAP:

Composición mensaje SOAP

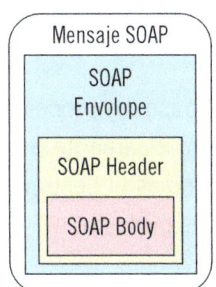

A la hora de intercambiar mensajes SOAP (da lo mismo que sea del cliente al servidor que del servidor al cliente) se tienen que tener en cuenta tres características esenciales:

- Los mensajes SOAP son unidireccionales.
- Los mensajes SOAP se suelen combinar formando patrones, como por ejemplo el patrón "petición/respuesta".

- Las implementaciones de mensajes SOAP tienen que estar totalmente optimizadas (se obtiene mejor beneficio de la red, protocolo de comunicación, con la que se trabaje).

 **Nota**

Actualmente se dispone de dos versiones SOAP: la versión 1.1 y la versión 1.2.

Proceso de mensajes SOAP

Los mensajes SOAP no son procesados de cualquier forma cuando son recibidos por una aplicación, sino que siguen un orden concreto de pasos para poder procesar dicho mensaje y dar respuesta si fuera necesario. Estos pasos son los siguientes:

1. Identificar las partes del mensaje SOAP que va dirigido a una aplicación en concreto.
2. Aceptar las partes del paso 1 y procesarlas de forma correcta. Si no es así se procedería automáticamente a descartar el mensaje.
3. Si la aplicación SOAP no es el destino terminal del mensaje se proceden a eliminar todas las partes obtenidas en el paso 1 antes de que el mensaje sea reenviado.

Estos serían los tres pasos básicos que se tendrían que dar a la hora de recibir un mensaje SOAP en la aplicación, pero dichos pasos pueden variar si se amplía el protocolo SOAP mediante nuevos módulos de funcionalidad. Obviamente esto da escalabilidad y evita el tener que reprogramar de nuevo una aplicación ante futuros cambios. Algunas de las extensiones que se pueden aplicar al protocolo SOAP son:

- *Attachments.* Brinda la posibilidad de adjuntar un archivo que no sea XML (cualquier tipo de archivo).

- **Routing/Intermediaries.** Ofrece la posibilidad de rutear mensajes SOAP a través de intermediarios (normalmente *web services).*
- **Security.** Aplica un estándar de seguridad a los mensajes, que son al fin y al cabo la comunicación entre emisor y receptor. Puede aplicar estándar SSL, firmas digitales, etc.
- **Quality of Services.** Es una medida que permite obtener la calidad del servicio.
- **Context/Privacy.** Hace referencia al contexto y privacidad de los usuarios.
- **Transaccion support.** Hace que un grupo de operaciones o instrucciones se comporten como si fueran una sola instrucción, es decir, o se ejecuta todo con éxito o no se ejecuta nada.
- **Message syntax.** Contiene la sintaxis del mensaje.
- **Data.** Contiene los datos del mensaje.
- **Transport.** Muestra, pero no define cómo son los mensajes transportados por el protocolo elegido entre la variedad de protocolos de comunicación que existen.
- **Purpose.** Se debe tener clara la diferencia entre los datos y su finalidad.

Actividades

7. Realice un esquema sintáctico sobre funcionamiento y mensajes SOAP para que de un solo vistazo se muestren las características más importantes.

3.2. Basado en recursos

Los servicios suelen ser descritos (implementados) usando WSDL *(Web Service Description Languaje)* y mediante protocolos de comunicación SOAP *(Simple Object Access Protocol).*

Se puede afirmar entonces que SOA tiene como finalidad combinar los distintos servidores distribuidos a través de una red para generar aplicaciones de uso específico. Los elementos que componen SOA son principalmente dos:

- Funciones.
- Calidad del servicio.

Funciones

En este tipo de arquitectura se dispone de las siguientes funciones:

- **Transporte.** Mecanismo usado para llevar a cabo las demandas de servicio desde un consumidor al proveedor del servicio, asimismo llevará a cabo las respuestas desde el proveedor al consumidor.
- **Protocolo de comunicación de servicios.** Es un mecanismo que se acuerda entre las partes implicadas a través del cual un proveedor de servicios y un consumidor de servicios notifican que está siendo solicitado y que está siendo respondido.
- **Descripción del servicio.** Es el guión para describir cuál es el servicio que se va a dar, cómo se debe llevar a cabo y qué datos se requieren para realizar el servicio en sí.
- **Servicio.** Describe el servicio actual que está disponible para su uso.
- **Procesos de negocio.** Son un conjunto de servicios que hacen que se cumpla un determinado requisito de negocio (proveer y consumir).
- **Registro de servicios.** Conjunto de descripciones de servicios y datos que usan los proveedores de servicios para publicar sus servicios. Los consumidores lo pueden usar para descubrir nuevos servicios ofrecidos por proveedores.

? **Sabía que...**

Los sistemas en red Cliente/Servidor o protocolos son sistemas que se diseñan para que un cliente realice peticiones a otro programa servidor que da respuesta. Estos sistemas se basan en una arquitectura Cliente/Servidor que es un modelo de aplicación distribuida la cual reparte las tareas entre los recursos o servicios (servidores) y los demandantes de estos (clientes).

Calidad del servicio

Dentro de la calidad del servicio se tiene en cuenta:

- **Política del servicio.** Conjunto de condiciones o reglas de juego bajo las cuales un proveedor de servicios hace el servicio disponible para los futuros consumidores.
- **Seguridad del servicio.** Conjunto de reglas que se aplican para la identificación, autorización y control del acceso de consumidores de servicios.
- **Transacciones del servicio.** Conjunto de atributos que pueden aplicarse a los servicios.
- **Administración del servicio.** Conjunto de atributos que pueden aplicarse a los servicios o consumidores.

Luego en SOA se tienen tres entidades claves:

- **Consumidor de servicios.** Puede ser una aplicación, un *software*, otro servicio o un usuario que demanda un determinado servicio, y este servicio se ejecuta acorde a un contrato y bajo una determinada interfaz.
- **Proveedor de servicios.** Es quien a través de la red acepta y ejecuta consultas de consumidores. Además publica sus servicios, sus contratos y sus interfaces en el servicio para que el consumidor de servicios los pueda usar.
- **Servicio.** Es el encargado de hacer posible que el consumidor descubra nuevos servicios.

Además, estas entidades podrán realizar las siguientes acciones:

- **Descubrir.** El consumidor localiza el servicio a usar consultando el registro del servicio.
- **Unir y llamar.** Una vez el consumidor ha encontrado o descubierto el servicio que quiere emplear lo invoca para usarlo.
- **Publicar.** Para que un consumidor pueda consumir tiene que existir un servicio que pueda descubrir e invocar el consumidor.

En SOA existen dos dispositivos fundamentales:

- **Servicio.** Disponible para su uso bajo una determinada interfaz (pública) y que permite ser llamado por los consumidores de servicios.
- **Descripción del servicio.** Se trata de decir la forma en que el consumidor de servicios tiene que actuar con el proveedor de servicios, es decir, las especificaciones técnicas para poder usarlo.

La estructura general de un sistema distribuido para un usuario cualquiera que accede a él sería la que se muestra en la siguiente imagen:

**Estructura de servicio
distribuido para un usuario**

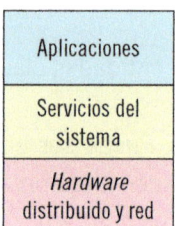

A continuación, se observa cómo quedaría la estructura interna de dicho sistema distribuido (a modo de funcionamiento interno):

Estructura interna de un servicio distribuido

Aplicaciones		Aplicaciones		Aplicaciones
Servicios Middleware		Servicios Middleware		Servicios Middleware
Sistema operativo		Sistema operativo		Sistema operativo
Hardware distribuido y red de comunicaciones				

Por tanto se puede afirmar que una arquitectura basada en SOA tiene que cumplir los siguientes prerrequisitos:

- **Los servicios tienen que ser reutilizables.** Con esto se ganan "costes de tiempo" al no tener que recodificar todo para una actualización o corrección *software*.
- **Los servicios deben proporcionar un contrato formal.** En todo momento se debe tener claro el nombre del servicio al que se accede, funciones que procura y datos de entrada y salida que ofrece el servicio.
- **Los servicios deben de estar débilmente acoplados.** Es de lógica el proporcionar independencia entre los servicios que se ofrecen.
- **Los servicios deben de procurar "composición".** Esto se obtiene de la "orquestación" y la "coreografía".
- **Los servicios no pueden tener un estado.** Un servicio no puede guardar información, dado que si lo hiciera no sería independiente y no se podría asegurar su reutilización.
- **Los servicios deben ser descubiertos para poder ser utilizados o consumidos.** Para poder conseguir tal fin se usará UDDI (que publica las interfaces de los servicios en dicho mecanismo).

En la siguiente imagen se muestra un resumen de lo expuesto anteriormente:

Estructura general de una arquitectura SOA

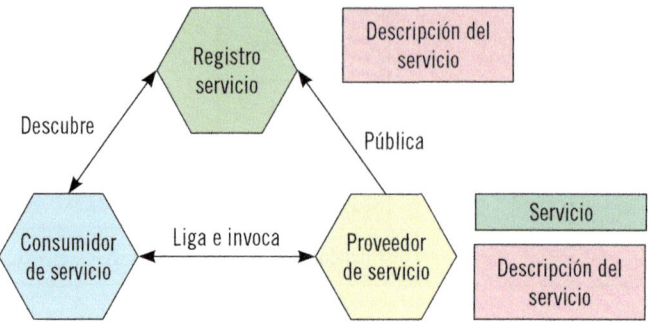

![Actividades icon] **Actividades**

8. Realice un resumen básico sobre el modelo de orquestación y el modelo de coreografía.
9. Haga un esquema sintáctico lo más breve posible sobre las funciones y la calidad del servicio de tal forma que de un solo vistazo se puedan recordar los puntos más importantes.

Los recursos en SOA pueden identificarse también con el nombre de servicios. A la hora de identificar, planificar, distribuir, replicar, etc. los distintos recursos que se pueden tener en un sistema distribuido influirá la subjetividad, la intuición y sobre todo la experiencia como programadores. En este escenario de partida es muy probable que dos o más personas que diseñen un mismo recurso lo hagan de forma muy distinta.

A pesar de la libertad que se tiene como programador se deberá seguir una serie de reglas para trabajar con los recursos o servicios, dichas reglas se enumeran a continuación:

1. Tener en cuenta los principios en los que se basa y se fundamenta SOA.
2. Definir los recursos acordes al servicio que se vaya a dar, es decir, si es de negocio, si es un proceso, si es una aplicación, si es un servidor de datos, etc.

3. Obviamente el código será analizado por un analista de sistemas el cual indicará si está bien identificado y planificado.

Sabía que...

Los recursos estarán distribuidos por un sistema web distribuido. Pueden que estén físicamente cercanos o a varios miles de kilómetros de distancia.

En cuanto a la forma en la que se pueden identificar recursos, existe una serie de opciones disponibles que se muestran a continuación.

A partir de los procesos de negocio

Aquí el enfoque que se da es el de descomponer el problema en problemas menores y pasar a identificarlos. Si se escoge esta opción la ventaja que se tiene es que realmente se programa según la necesidad del problema que se tenga. Como desventaja cabe indicar que algunas veces resulta un poco complicado el unir esos problemas menores para obtener la solución al problema mayor presentado.

A partir del modelo de entidades de negocio

Esta opción lleva implícito el uso de servicios CRUD *(Create, Read, Update and Delete).* Es un intercambio de datos entre servicios y es muy empleado en la capa de *software* si se usa esta opción.

A partir de los objetivos del negocio

Desde este enfoque se entiende que el objetivo se resume en el siguiente axioma: "Los recursos son las necesidades de la empresa". Por ejemplo, si Renfe vende billetes especiales con descuento a personas mayores de 65 años, y se usa esta opción, se debería tener implementado un recurso llamado "reservaBilleteMayor65años" para poder solventar dicha petición de negocio.

Basado en componentes

Si se opta por esta opción la cohesión y el bajo acoplamiento son piezas clave para componer las piezas de *software*. Además se puede reutilizar el código tantas veces como se quiera con el consecuente riesgo de que si se diseñó hace tiempo, puede ser que actualmente no funcione bien.

 Nota

A la hora de diseñar código es muy importante ser lo más claro y conciso posible, comentando al máximo el código por si se necesita usar pasado mucho tiempo.

Botton-up

Este objetivo consiste en partir del nivel más bajo posible con las herramientas disponibles en dicho nivel e ir combinándolas con las ya existentes de forma determinada para obtener las necesidades que se quieran.

Fronted

Este objetivo parte de un análisis previo de lo que se pretende hacer. Obviamente, si Renfe vende billetes, los vende para un punto de salida y un punto de llegada, luego seguramente se necesitará la opción de un recurso al que se le pase salida y llegada y devuelva un listado con las opciones posibles.

 **Actividades**

10. Imagine que una determinada agencia de viajes le pide que diseñe una aplicación para poder tener presencia en internet y que sus clientes utilicen su servicio web. Intente localizar los recursos de los que se compondría dicho servicio web.

Aplicación práctica

Imagine que el departamento de programación con el que está trabajando le encarga desarrollar una aplicación distribuida para un nuevo cliente del cual no tiene ninguna referencia. ¿Podría justificar el modelo que tendría que aplicar al cliente?

SOLUCIÓN

Dado que es un nuevo cliente se parte de cero y no se conocen sus necesidades ni los recursos que tiene disponibles para poder trabajar con ellos se utilizaría el modelo Fronted.

El modelo Fronted es el que permite hacer un análisis previo del problema que se tiene que solucionar y en función a dicho análisis tomar unas determinadas decisiones. En este caso es el modelo adecuado dado que se deben "analizar" las necesidades del cliente.

3.3. Política y contrato de servicios

La SOA al fin y al cabo es un tipo de paradigma de programación cuya misión principal será la de comprobar la funcionalidad de un sistema a través de un conjunto de procesos de negocio que son expuestos como servicios interoperables. Se tiene que ser consciente de que en el diseño de una SOA se deben crear procesos de negocio con dos características fundamentales:

- Que sean débilmente acoplados.
- Que sean altamente interoperables.

Los cuatro pilares sobre los que se fundamenta SOA son:

- Control limitado.
- Autonomía.
- Uso de contratos.
- Compatibilidad semántica.

Recuerde

Una arquitectura SOA se compone de muchos servicios que son implementados bajo distintas tecnologías de programación y normalmente suelen estar alojados en diferentes plataformas geográficas.

Control limitado

Cuando se habla de control limitado se hace referencia a un escenario muy concreto: cuando se realiza una interacción con un servicio se hará a través de la interfaz pública que brinde el servicio. En esta interfaz pública los parámetros de entrada de los métodos representan los mensajes que son enviados al servicio. Por tanto, a la interfaz pública de un servicio se conoce bajo el nombre de **contrato de servicio.**

Es importante anotar que un contrato de servicio debe ser lo más simple posible, lo cual va a implicar una serie de condiciones como:

- No usar objetos con referencias circulares (así se evitará caer en situaciones de espera indefinida).
- Usar parámetros de entrada y valores de retorno que estén obligatoriamente tipificados.

Autonomía

Con el concepto de autonomía se hace referencia a los servicios débilmente acoplados que se están diseñando y que tienen que ser independientes del resto de servicios, pero al mismo tiempo tienen que tener la capacidad suficiente para comunicarse con otros servicios a través del uso de políticas y contratos.

En una arquitectura SOA los servicios solventan este último punto (comunicación con otros servicios) a través del intercambio de **contratos de datos.**

Usos de contratos

Un contrato de datos se puede ver como una definición de una clase, la cual se compone en exclusiva de propiedades y que representa un objeto (que se conoce bajo el nombre de DTO y que no comparte nada con otros objetos que se tengan en el sistema).

Semántica

Cuando se habla de semántica se hace referencia a la información relativa a la funcionalidad de un servicio (al fin y al cabo si este cumple con el objetivo para el que fue diseñado).

Para definir políticas a nivel de servicio y que puedan ser descubiertas mediante UDDI se debe usar la especificación *WS-Policy*. Con ello se señalan los servicios que no se implementan con una tecnología en particular (sino con varias en general). Además, usar servicios en una aplicación no implica que la aplicación se ajuste a SOA (deberá cumplir los principios de esta arquitectura). Los desarrolladores de *software* para arquitecturas SOA con servicios deben tener claro el problema que tiene que solventar el servicio, y para ello se debe partir de unos prerrequisitos básicos y seguir una serie de reglas:

- Los servicios de la capa servicios no implementan lógica de consumo (solo publican y consumen) y deben estar enfocados hacia una interfaz de usuario.
- El intercambio de datos se produce a través de objetos DTO.

- Los servicios no retornan objetos ni trabajan sobre estos.
- Capacidad de poder versionar y extender el servicio sin modificar los contratos de datos y de servicio.

Por su lado, el contrato tiene unas determinadas características:

- Es una colección de todos los mensajes que puede soportar un servicio.
- Es unilateral.
- Es considerado como la interfaz del servicio.
- Aparece junto con el contrato el término *endpoint* que es la dirección URL donde el servicio puede ser localizado y consumido.
- Un contrato específico puede ser alojado en un *endpoint* determinado.

En cuanto a las políticas se deben anotar las siguientes características:

- Representan condiciones para la implementación semántica de los consumidores del servicio.
- Separan la implementación dinámica de la estática.
- Una política es externa a la lógica del negocio y puede ser actualizada en tiempo de ejecución.

Actividades

11. Busque en internet información y características sobre la política SLA.

4. Aspectos de seguridad en arquitecturas orientadas a servicios

Tanto la arquitectura SOA como los *web services* van a dotar al sitio donde sean implementados de total flexibilidad y abertura. Ambas potencian el intercambio de datos, así como el uso de servicios entre clientes y proveedores. Es por estos motivos por los cuales se tiene que hacer hincapié en tomar ciertas precauciones de seguridad que garanticen:

- Integridad de los datos.
- Confidencialidad de los datos.
- Disponibilidad de los datos.

Al fin y al cabo el protocolo que se emplea en última instancia para las comunicaciones es el protocolo HTTP o protocolo de transferencia de hipertexto y es bien conocido lo fácil que puede llegar a ser *hackear* las comunicaciones del protocolo.

Antiguamente, al comienzo de internet, todas las aplicaciones que se desarrollaban tenían que implementar su propio *software* de seguridad, pero con el paso del tiempo se dio un giro a este concepto, separando íntegramente lo que es aplicación de seguridad, y delegando esta última en algún servicio externo que probablemente no tenga nada que ver con la aplicación que se desarrolla. Entre estos servicios externos se puede destacar *gateway* (pasarela de seguridad).

 Nota

La seguridad es un aspecto clave a la hora de desarrollar aplicaciones de cara a internet/web. Si se tiene que usar seguridad lo más lógico es dotar a cada usuario de su identificador de usuario y contraseña para que haga uso de ellas y saber en todo momento quien está conectado al sistema.

Gateway es un dispositivo cuya misión principal es la de interconectar redes con protocolos y arquitecturas diferentes (en cualquier nivel que se produzca la comunicación). Es decir *gateway* cogerá la información que viene por la red A con un protocolo X y una arquitectura X y la pasará a la red B con un protocolo Y y con una arquitectura Y. *Gateway* suele estar integrado por ordenadores configurados que dan acceso externo a una red (LAN) en la que hay conectados varios equipos informáticos. Ejemplos de *gateway* son el router-Adsl. Este adapta la red LAN del hogar para que pueda comunicarse con el mundo exterior (internet).

Como se ha dicho, la seguridad se delega en servicios externos y normalmente estos servicios se implementan con varias capas, por ejemplo la más usada es la apliación-seguridad-red. La capa de aplicación manejará el *software* con el que trabaja el cliente, la capa de seguridad se encargará precisamente de la seguridad de los datos y la capa de red se encargará de que esos datos se transmitan y lleguen a su destino correctamente. Esta implementación normalmente se suele conocer con el nombre de seguridad de tres capas, aunque últimamente se está acuñando el término de **implementación de seguridad horizontal.**

4.1. Seguridad de datos

La seguridad de datos hace referencia tanto a los datos que se tienen almacenados en los servidores como a la información que se intercambia en una petición o mensaje. Desde la agencia de ciber-seguridad ENISA se proponen recomendaciones a tener en cuenta para la seguridad de los datos, en concreto tres:

1. Uso de medidas criptográficas para garantizar la privacidad y protección de los datos. El uso de medidas criptográficas proporciona una capa de protección de datos y reduce la posibilidad de intrusismo.
2. Todas las partes implicadas en el uso de datos (en la comunicación que se esté produciendo) deberían de estar en sintonía en cuando a las técnicas criptográficas propuestas.
3. Requerir personal especializado que sea capaz de implementar estos servicios criptográficos y de mantenerlos actualizados (dado que se renuevan en muy corto plazo de tiempo).

Obviamente la experiencia que se vaya desarrollando en la implementación de estas técnicas permitirá adoptar otras medidas de seguridad (como copias de seguridad, réplicas de la información, etc.) para mantener la integridad y confidencialidad de los datos del sistema.

Nota

Programar ciertas aplicaciones para que realicen una copia de seguridad de los recursos, componentes y datos puede ser de vital importancia para solucionar imprevistos.

4.2. Seguridad de mensajes

Para enviar mensajes se utiliza el protocolo SOAP junto con XML. Ello permite enviar/recibir solicitudes. Dado que en el mercado actual el concepto de cooperación está a la orden del día, hay que pensar en *web services* y SOAP para facilitar la comunicación en esa cooperación, además de plataformas independientes de cooperación. Teniendo en cuenta esta cooperación, la seguridad en el paso de mensajes juega un papel fundamental.

Los servicios web se suelen encontrar tras algún mecanismo de defensa (normalmente este mecanismo es un cortafuegos, también conocido con el nombre de *firewall,* y es una parte de un sistema o red que está diseñada con el objetivo de bloquear el acceso no autorizado, así como permitir accesos autorizados). Con la implementación de SOAP como protocolo de comunicación entre ambos puntos se tiene el siguiente escenario: se manda un mensaje SOAP y este es enrutado por numerosos nodos antes de llegar a su destino, y es precisamente por tomar caminos desconocidos para el usuario (dado que no se puede controlar qué rutas tomará el mensaje SOAP) por lo que se necesita garantizar una mínima seguridad para el mensaje. Para ello se utiliza una serie de técnicas:

- **Encriptación XML.** Usando una encriptación XML se evita el riesgo de exponer los datos a lo largo de su recorrido.
- **Firma digital XML.** Usando una firma digital lo que se hace es asociar a los datos de un mensaje SOAP el usuario que emite dicha firma digital. Con esto se garantiza la seguridad.
- **Certificados XKMS.** XKMS es un protocolo desarrollado por W3C que describe la distribución y registro de claves públicas. Se basa en el uso

de servicios web para facilitar a los desarrolladores la comunicación entre aplicaciones.

- **Autorizaciones SAML.** SAML es un lenguaje de marcado para confirmaciones de seguridad. Al fin y al cabo se trata de un estándar abierto que define un esquema XML para intercambiar datos de autentificación y autorización.

- **Validación de datos.** Con esta técnica se permite que el servidor web reciba únicamente datos dentro de un rango predefinido, ignorando los datos que no estén en este rango.

 Actividades

12. Busque en internet información sobre cómo funciona el protocolo XKMS.
13. Repita la misma búsqueda pero para las autorizaciones SAML.

Además de la seguridad en el paso de mensajes SOAP, no se puede perder de vista dos conceptos fundamentales como la **calidad** y la **estandarización.** Ambos son esenciales en los servicios web.

Calidad

Se sabe que los servicios web dan una conectividad total con cualquier entidad (programador o aplicación *software)* independientemente de la plataforma usada. Además, esta conectividad se realiza de forma totalmente transparente mediante el uso de mensajes SOAP.

La calidad dependerá en cierta medida de las soluciones implementadas por los proveedores de servicios (se puede tener el mismo servicio en dos proveedores distintos, pero seguramente no estará implementado de la misma forma). Actualmente no existen estándares que controlen cómo el proveedor de servicios web tiene que implementar dicho servicio, con lo cual la experiencia a la hora de consumir servicios web de un proveedor será crucial.

Recuerde

Cuando se diseña código es muy importante ser lo más claro y conciso posible, comentando al máximo el código por si se tiene que usar pasado mucho tiempo.

Estandarización

Obviamente, lo que se persigue con una estandarización es que cualquier entidad se pueda comunicar con otra independientemente de la plataforma que use. Se sabe que los servicios web implementan el estándar XML y además usan un estándar SOAP para la comunicación. Ambos (XML y SOAP) se encuentran totalmente definidos, implementados y estandarizados para su uso por parte de cualquier entidad. Es por ello que algunas de las empresas más relevantes en el mundo de internet han creado WS-I (Organización para la Interoperabilidad de los Servicios Web) la cual se encarga de la estandarización de los servicios web.

4.3. Control de acceso. El modelo RBAC

Dado que se trabaja en un entorno no seguro como puede ser internet o una intranet, siempre se tendrá que controlar el acceso de los usuarios a los recursos.

RBAC *(Role Based Access Control)* es un control de acceso basado en roles y lo que resumidamente hace es establecer ciertos roles o conductas a los usuarios para que puedan acceder a determinados recursos o no (dependiendo de los privilegios establecidos).

El modelo RBAC define una serie de términos que componen dicho modelo. Estos son:

- **Usuarios.** Persona o personas que están en una organización cuya función es la de cumplir una determinada tarea o rol dentro de dicha organización. Por ejemplo, en una entidad bancaria se tienen varios usuarios: director de la sucursal, cajeros de la sucursal, etc.
- **Roles.** Comportamientos que realizan determinadas funciones. Pueden tener asociados a uno o más usuarios. Por ejemplo, el director de una sucursal tendrá un rol distinto al del cajero de la misma sucursal (el director tendría acceso total a las cuentas de los clientes mientras que el cajero no debería tenerlo).
- **Permisos.** Estos van a determinar los datos y aplicaciones a las que se pueden acceder. Normalmente a cada rol se le asigna un permiso diferente en función a las capacidades que se tengan para ejecutar el rol. En este ejemplo de la sucursal un director debería tener permisos totales sobre los datos, mientras que los cajeros de dicha entidad deberían tener acceso solo a algunos.
- **Operaciones.** Van a dar la capacidad para poder crear, borrar y mantener objetos RBAC y relaciones (por relaciones se entiende roles de usuarios).
- **Objetos.** Van a ser las entidades o recursos sobre los que definir operaciones o roles de usuarios.

Elementos de RBAC

En un modelo RBAC los permisos van a estar asociados a los roles, siendo los usuarios un añadido de estos. Es decir, se crearán tantos roles como trabajos se tengan que asignar a los usuarios de una organización. Una vez creados estos roles son dados a los usuarios teniendo en cuenta que un usuario puede tener uno o más roles.

Para la implementación de un control de acceso basado en roles se establece una serie de requisitos:

- Identificación de roles dentro del sistema.
- Asignación de los roles identificados a los sujetos en concreto.
- Establecer permisos de acceso a los objetos.
- Establecer permisos a los sujetos.
- Ajustar roles de objetos y sujetos.

Se puede destacar de RBAC:

- **La administración de autorizaciones.** Cuando se procede a la asignación de permisos a un usuario se realiza en dos partes, primero se asocia al usuario el rol y a continuación se dotan permisos para objetos a roles. Si un usuario cambia de tarea solo bastará con cambiar su rol por el que corresponda.
- **Jerarquía de roles.** Los roles son clasificados también jerárquicamente y además poseen relaciones. Pueden heredar privilegios, permisos de otros roles (eso sí, siempre de menor jerarquía que el que hereda) o simplificar la administración de las autorizaciones.
- **Menor privilegio.** Permite aplicar la política del menor privilegio posible. Además, si una tarea no va a ser ejecutada por un usuario su rol no tendrá los permisos para hacerlo, de esta manera se minimizan posibles riesgos y daños colaterales.
- **Clasificación de responsabilidades.** Se basa en el principio de que ningún usuario va a tener los privilegios suficientes para usar o dañar el sistema. Para ello se puede implementar de dos formas posibles:

  - **Estáticamente.** Mediante la definición de roles que excluyan a un mismo usuario.
  - **Dinámicamente.** Mediante el control en el momento exacto del acceso.

Sin embargo, la parte que no se puede destacar de RBAC y que no se puede pasar por alto es que es muy dificultoso establecer roles y definir o aplicar estos sobre usuarios, objetos, etc.

Algunos ejemplos de *software* que usa el modelo RBAC son:

- *Sun Solaris.*
- *Oracle* y su base de datos.
- *SQL Server.*
- *Microsoft Active Directory.*

Recuerde

Usuarios, roles y sesiones son las tres partes fundamentales en las que se basa RBAC para ofrecer una completa gestión de la seguridad de los mismos.

4.4. Seguridad en comunicaciones. Protocolos seguros

Durante todo el desarrollo de este punto se ha hablado de seguridad en las comunicaciones. Ahora se muestran los principales canales seguros que existen para poder hacer comunicaciones confiables.

HTTPS

Denominado protocolo seguro de transferencia de hipertexto. Este es un protocolo de aplicación que está basado en HTTP, pudiendo decir que HTTPS es "la versión segura de HTTP". Este protocolo seguro es sobre todo muy utilizado por entidades bancarias y tiendas que ofrecen compras *online,* pero generalmente se usará cuando se requiera enviar datos personales o contraseñas (por ejemplo, en el proceso de compra en una tienda *online* a la hora de rellenar los datos personales y los datos bancarios para el cobro y envío al servidor). Si no se hace en un protocolo seguro se corre el riesgo de que sean interceptados y tratados sin autorización.

Cuando se realiza una conexión sobre el protocolo seguro HTTPS hay unas reglas que tienen que cumplirse íntegramente para poder realizar dicha conexión:

- El usuario confía en la autoridad de certificación.
- El *website* proporciona un certificado válido firmado por una autoridad confiable.
- Dicho certificado identifica el *website*.

¿Quién o quiénes son los encargados de usar el protocolo seguro HTTPS? Exactamente los mismos que usan el protocolo HTTP: los navegadores *(Microsoft Edge, Mozilla, Firefox, Google Chrome,* etc.). Se podrá identificar en un navegador que se ha realizado una conexión a un protocolo seguro HTTPS porque en la barra de direcciones aparecerá un icono con forma de candado o bien cambiará el color de fondo de la barra de direcciones por amarillo o verde.

Ya que HTTPS se apoya en HTTP se tienen que destacar tres diferencias fundamentales con respecto a este último:

- En el protocolo HTTP las URLS comienzan con http:// y en el protocolo HTTPS comienzan con https://.
- El protocolo HTTP utiliza por defecto el puerto 80. El protocolo seguro HTTPS utiliza por defecto el puerto 443.
- El protocolo HTTP es inseguro y puede ser atacado para obtener la información que circule por él. El protocolo HTTPS está diseñado para ser seguro y resistir los ataques para que no puedan obtener datos de él.

En cuanto al cifrado, el protocolo HTTPS usa un cifrado de datos SSL/TSL para crear un canal cifrado de comunicaciones (el nivel de cifrado que se aplique en la comunicación va a ser algo que dependa de la configuración del servidor web al que se esté accediendo y de la configuración del navegador que se esté usando para acceder a dicho servidor web). Al ser la información cifrada y usar un canal seguro se podrá manejar la información personal y las claves y contraseñas. Pero, ¿y si alguien es capaz de acceder al canal seguro y capturar esos datos? Como se han cifrado esos datos y no van destinados a ese alguien sería bastante complicado que pudiera descifrarlos y usarlos.

 **Nota**

Se afirma que HTTPS se fundamenta en la posibilidad de crear un canal seguro (HTTPS) sobre un canal inseguro (HTTP).

SSH

SSH *(Secure Shell)* es un protocolo seguro que facilita las comunicaciones entre dos sistemas basándose para ello en la arquitectura Cliente/Servidor (la cual permite a los usuarios conectarse remotamente a un servidor). Este protocolo seguro hace imposible que alguien pueda obtener las contraseñas no encriptadas.

El protocolo SSH es muy parecido al programa *Telnet* facilitado con el sistema operativo *Windows.* La diferencia estriba en que SSH potencia la seguridad de los datos (cosa que *Telnet* no contempla).

Como características principales de SSH se pueden destacar las siguientes:

- Después de establecer la conexión inicial el cliente debe verificar que se encuentra conectado al servidor que se quería conectar y no a otro.
- El cliente transmite la información de autentificación al servidor, y para ello se usa una encriptación de 128 bits.
- Todos los datos (tanto los datos enviados como los datos recibidos) que participan en una sesión de comunicación son encriptados a 128 bits y enviados o transferidos por medio de este protocolo, con lo cual se complica la tarea de descifrar y leer mensajes extraídos.

 **Nota**

Siempre que se pueda es mejor usar protocolos seguros en vez de protocolos no seguros, dado que así se garantiza un mínimo de seguridad en las comunicaciones.

Dado que el protocolo SSH encripta absolutamente todo (todo lo que envía y recibe), este puede usarse conjuntamente sobre protocolos no seguros.

En términos de seguridad se puede hablar de dos posibles ataques:

- **Intercepción de la comunicación.** En el escenario de la comunicación entre dos puntos aparece un tercero que obtiene una copia de los datos que se pasan entre ellos (con un simple *sniffer* en una red se puede realizar este tipo de ataque hacia los datos).
- **Intercepción del host.** Mediante un tercero que finge ser el que tiene que recibir los mensajes del emisor se consigue el engaño. Si el emisor no se da cuenta procede a enviar información a quien no debe (esta técnica se logra a base de modificaciones de las DNS o de las IP de los host de una red).

Usando el protocolo SSH se garantiza que estos dos ataques anteriores se minimicen. Esto se basa en que el protocolo SSH recurre a las firmas digitales para verificar las identidades de emisor y receptor. Además de lo anterior, como ya se sabe, la comunicación entre dos puntos va totalmente encriptada, con lo cual es necesario disponer de la llave de descifrado a la hora de cometer un ataque, llave que solo es conocida por el emisor y el receptor.

Actualmente hay disponibles dos versiones de SSH: la versión 1.0 y la versión 2.0. Obviamente esto es así debido a que la versión 1.0 quedó obsoleta frente a ciertas medidas de seguridad, dejando huecos que potenciaban el intrusismo en la comunicación. Con la versión 2.0 se solucionan todos estos problemas de seguridad de comunicaciones y además se mejora el algoritmo de intercambio de llaves.

Se muestran ahora los pasos que se dan en una comunicación SSH:

- Se lleva a cabo el establecimiento de la comunicación entre cliente y servidor para que el cliente pueda comprobar que se encuentra en el servidor al que se quería conectar *(handshake)*.
- Una vez que el cliente está comunicado con el servidor que quería comunicarse se procede a encriptar el servidor mediante un código simétrico.
- El cliente se autentifica ante el servidor.
- Comienza el proceso de comunicación sobre el canal encriptado.

 **Recuerde**

El protocolo SSH permite a un cliente y a un servidor comunicarse de forma segura.

Durante el proceso de la comunicación entre el cliente y el servidor la capa de transporte juega un papel fundamental en este punto. Esta capa va a ser la encargada de manejar la encriptación y la decodificación de los datos además de proporcionar la integridad de los mismos mientras son enviados y recibidos. Hay que anotar que la capa de transporte se encarga además de comprimir los datos para acelerar la transmisión entre cliente y servidor.

Al usar el protocolo SSH se negocian una serie de puntos antes de que ambos (cliente y servidor) procedan a usar la capa de transporte. Dichos puntos son:

- Intercambio de claves.
- Determinación del algoritmo de encriptación de la clave pública.
- Determinación del algoritmo de encriptación simétrica.
- Determinación del algoritmo de autentificación de mensajes.
- Determinación del algoritmo *hash* a usar.

Una vez que están claros estos puntos entre cliente y servidor es cuando el cliente procede con el proceso de autentificación ante el servidor. Para ello el servidor informará al cliente de los métodos de autentificación que dispone y el cliente usará uno de ellos para poder autentificarse.

Cuando el cliente se ha autentificado se procede a crear la capa de transporte junto con la comunicación de datos entre el cliente y el servidor (normalmente se abren múltiples canales por los cuales se envía información y se recibe información entre Cliente/Servidor).

En el momento que la capa de transporte ha creado un canal seguro para poder comunicar información entre dos puntos (cliente, servidor) es cuando se procederá a comunicar al cliente por parte del servidor los distintos métodos de autentificación que soporta el servidor. Es en este momento cuando el cliente debe escoger entre uno de los posibles métodos para su autentificación ante el servidor y poder continuar con el proceso de comunicación.

Realizada la autentificación por parte del cliente en el servidor, el siguiente paso es proceder a abrir múltiples canales que se encarguen de realizar la comunicación de datos a través de dichos canales.

 Sabía que...

El protocolo seguro SSH soporta el control de flujo en sus canales, lo que implica que se pueden enviar y recibir dados ordenadamente. Hasta que el canal no envíe cierto dato no se procede al envío del siguiente.

SSL

Este protocolo fue ideado y desarrollado por la compañía *NetScape* con el fin de permitir confidencialidad y autentificación en la red de redes. Se tiene que anotar que SSL funciona a nivel de *sockets,* con lo cual no solo va a permitir la protección de documentos o información, sino también tener disponibles servicios como FTP, TELNET, SMTP, etc.

Este protocolo está fundamentado sobre el protocolo SSH y son muy similares en su modo de funcionar. La idea fundamental continua siendo la de encriptar la información entre el servidor y el cliente mediante el uso de llaves y algoritmos de encriptación para implementar seguridad y fiabilidad entre servidor y cliente.

TSL

Este protocolo es una mejora del protocolo SSL y con él se puede definir o establecer una conexión segura usando un canal cifrado para la comunicación entre un cliente y un servidor cualquiera. Este protocolo se fundamenta sobre tres fases:

- **Fase de negociación.** El cliente y el servidor proceden a ponerse de acuerdo sobre qué algoritmo criptográfico van a utilizar para autentificarse y proceder con el cifrado de la información. Se puede usar para ello criptografía de clave pública, cifrado simétrico o funciones *hash*.
- **Fase de autentificación y claves.** Tanto el cliente como el servidor proceden a la autentificación mediante el uso de certificados digitales con el conveniente intercambio de las claves para el cifrado según lo establecido en la fase de negociación.
- **Fase de transmisión segura.** Tanto el cliente como el servidor pueden comenzar con la comunicación de información cifrada y autentificada.

 Sabía que...

Si alguna de las fases del protocolo TSL no llega a su finalidad la conexión es interrumpida dado que no se garantiza la seguridad.

Los objetivos que intenta cubrir el protocolo TSL son:

- Seguridad criptográfica.
- Interoperabilidad.
- Eficiencia.
- Extensibilidad.

Este protocolo se compone de dos niveles. Estos son:

- **Protocolo de registro TSL** *(Record Procotol).* Garantiza un protocolo de comunicación de información fiable.
- **Protocolo de mutuo acuerdo TLS** *(Handshake Protocol).* Proporciona seguridad en la conexión entre cliente y servidor.

5. Implementación de arquitecturas orientadas a servicios mediante tecnologías web

Hace algunos años, la gran mayoría de las organizaciones tomó parte en la estrategia de desarrollar aplicaciones distribuidas usando distintas tecnologías que no tenían nada que ver entre sí, con el inconveniente de que debían interactuar entre ellas. Algunos ejemplos de estas tecnologías son:

- COM *(Component Objetct Model).*
- CORBA *(Common Object Request Broker Architecture).*
- EJB *(Entrepise Java Beans).*
- Etc.

Sin embargo, actualmente, la tecnología SOAP *(Simple Object Access Protocol)* permite resolver los problemas de falta de interoperabilidad entre las opciones anteriores, todo esto gracias a que tiene una base en HTML y XML.

5.1. Especificaciones de servicios web de uso común: SOAP, REST, etc.

A continuación, se muestra un listado con los estándares más comunes en los servicios web:

- WWW. Ofrece un conjunto de servicios y protocolos de web.
- XML. Formato estándar de intercambio de datos en la web.
- SOAP. Protocolo sobre el que se realiza ese intercambio de datos en la web.
- XML-RPC. Protocolo sobre el que se realiza el intercambio de datos en la web.
- HTTP. Protocolo para navegar por la web.
- FTP. Protocolo para intercambiar datos.
- SMTP. Protocolo para intercambiar mensajes (email).
- WSDL. Lenguaje de interfaz pública para los servicios web (al fin y al cabo es un documento codificado bajo XML).
- UDDI. Protocolo para publicar la información de los servicios web (se puede saber mediante este protocolo qué servicios se tienen disponibles y cuáles no).
- WS-Security. Protocolo de seguridad estándar para la web. Garantiza la autentificación y la confidencialidad en los mensajes que se realicen.

 Consejo

Aunque un sitio web puede trabajar con los estándares que se quiera, lo mejor es adaptarse a los estándares que la industria va marcando para garantizar la correcta estandarización de la aplicación.

A continuación, se muestran algunos de estos estándares así como la forma de usarlos enfocada a la web.

SOAP

SOAP *(Simple Object Access Protocol)* es un protocolo de intercambio de información estructurada en un entorno que está distribuido. Se basa en el uso de XML para describir el formato de los mensajes que se intercambian y se usa conjuntamente en los servicios web. SOAP se apoya en dos principios fundamentales que son:

- Simplicidad.
- Extensibilidad.

La especificación de SOAP para poder intercambiar información consta de:

- El modelo de procesos (necesario para el procesamiento de los mensajes).
- El modelo de extensión (necesario para las características de los mensajes).
- El protocolo de enlace (necesario para establecer las reglas de intercambio de mensajes).

 Recuerde

SOAP se basa fundamentalmente en la simplicidad y extensibilidad.

A continuación, se muestra un ejemplo de SOAP:

```
<?xml version='1.0' ?>
<env:Envelope xmlns:env="http://www.w3.org/2003/05/soap-envelope">
<env:Header>
<m:reserva xmlns:m="http://empresaviajes.ejemplo.org/reserva"
env:role="http://www.w3.org/2003/05/soap-envelope/role/next"
env:mustUnderstand="true">
<m:referencia>
uuid:093a2da1-q345-739r-ba5d-pqff98fe8j7d
</m:referencia>
<m:fechaYHora>2001-11-29T13:20:00.000-05:00</m:fechaYHora>
</m:reserva>
<n:pasajero xmlns:n=http://miempresa.ejemplo.com/empleados
env:role="http://www.w3.org/2003/05/soap-envelope/role/next"
env:mustUnderstand="true">
<n:nombre>Pepe Ejemplo</n:nombre>
</n:pasajero>
</env:Header>
<env:Body>
<p:itinerario
xmlns:p="http://empresaviajes.ejemplo.org/reserva/viaje">
<p:ida>
<p:salida>Nueva York</p:salida>
<p:llegada>Los Angeles</p:llegada>
<p:fechaSalida>2001-12-14</p:fechasalida>
<p:horaSalida>última hora de la tarde</p:horaSalida>
<p:preferenciaAsiento>pasillo</p:preferenciaAsiento>
</p:ida>
```

Continúa en página siguiente >>

<< Viene de página anterior

```
<p:vuelta>

<p:salida>Los Angeles</p:salida>

<p:llegada>Nueva York</p:llegada>

<p:fechaSalida>2001-12-20</p:fechaSalida>

<p:horaSalida>media-mañana</p:horaSalida>

<p:preferenciaAsiento/>

</p:vuelta>

</p:itinerario>

<q:alojamiento

xmlns:q="http://empresaviajes.example.org/reserva/hoteles">

<q:preferencia>ninguna</q:preferencia>

</q:alojamiento>

</env:Body>

</env:Envelope>
```

 Aplicación práctica

Localice las partes fundamentales del mensaje SOAP del ejemplo anterior.

SOLUCIÓN

Las partes importantes en un mensaje SOAP son:

- Envelope.
- Header.
- Body.

Continúa en página siguiente >>

<< Viene de página anterior

Luego en el código anterior las partes fundamentales son:

```
<env:Envelope xmlns:env="http://www.w3.org/2003/05/soap-envelope">
<env:Header>
...
</env:Header>
<env:Body>
    ...
</env:Body>
</env:Envelope>
```

REST

REST *(Representational State Transfer)* o transferencia de estado representacional es una arquitectura de técnicas *software* para sistemas distribuidos.

Por tanto cualquier arquitectura SOA que cumpla una serie de requisitos previos puede ser considerada como arquitectura REST. Estos requisitos son los siguientes:

- No publicar servicios RPC. En la arquitectura REST no se publica un conjunto de métodos y operaciones. Es decir, no se tendrá por ejemplo la interfaz "EntidadBancaria" ni los métodos "addEmpleado", "eliminarEmpleado", etc.
- En REST lo que se publican son recursos. Un recurso puede definirse como una entidad que representa un concepto de negocio que será accedido públicamente. Como ejemplo un recurso puede ser "EmpleadosdelaEntidadBancaria".

- Cada recurso posee un identificador único y global que lo distingue de cualquier otro recurso aunque compartan los mismos datos y tareas. En esta línea de trabajo un ejemplo puede ser "EmpleadoEntidad44" y "EmpleadoEntidad50" ambos pueden tener el mismo nombre, sueldo, dirección, etc. pero son dos personas o empleados distintos de la entidad bancaria.
- Cada recurso debe tener un estado, generalmente suele ser interno y es accedido desde el exterior. Normalmente se suelen crear varias referencias al estado para que no se pueda acceder desde el exterior directamente, sino a una copia previa de esta información.

 Recuerde

Una arquitectura tiene que cumplir una serie de requisitos para que sea considerara arquitectura REST.

En un sistema o arquitectura REST todos los recursos comparten las mismas operaciones. Estas operaciones van a permitir poder manipular el estado público del recurso. REST pone a disposición cuatro tipos de operaciones. Estas son:

- *Create*. En esta operación el cliente manda una petición al servidor para la creación de un recurso nuevo en el sistema. El servidor responderá con la identificación global del nuevo recurso que se ha creado. Existe la posibilidad de que con la operación *Create* no solo se pueda crear el recurso, sino además dar una representación o inicialización del estado inicial del recurso.
- *Delete*. Con esta operación el cliente tiene la posibilidad de eliminar el recurso del sistema o del servidor. Obviamente, como cada recurso tiene un identificador global que lo distingue del resto, es absolutamente necesario saber el identificador del recurso que se quiere eliminar.

- *Read.* Por medio de esta operación un cliente va a poder obtener o leer una representación del estado de un determinado recurso. Esto lo hará siempre a través del identificador global de dicho recurso. Al trabajar con copias del estado real del servidor pueden ocurrir inconsistencias. Un ejemplo de ello es que un cliente copie el estado de un servidor sin que esta copia se mantenga sincronizada con el servidor. El servidor cambia el estado real del recurso y el cliente se ve limitado a un estado no verdadero. Para solucionar este problema se permite a un cliente cambiar el contenido de la copia del estado real del recurso.
- *Update.* Esta operación tiene lógica desde la explicación anterior (que no se mantiene sincronizado el estado real del servidor y las copias que los clientes consumen). Por eso esta operación permite que el cliente pueda cambiar la copia del estado del servidor, modificar o sobreescribir.

Sabía que...

Todos los recursos en una arquitectura REST comparten las mismas operaciones aunque sean distintos, con lo cual se facilita mucho la implementación en código.

Para un recurso en particular puede ser que alguna de las operaciones anteriores no esté disponible (cada recurso pondrá a disposición las operaciones que sean necesarias para realizar una determinada tarea, pero si no necesita implementar el resto de operaciones no las ofrecerá al cliente para que las use). Además, cada recurso es libre de definir el modelo de datos que va a publicar, así como de las representaciones que soporta dicho recurso.

En la actualidad la "www" es un claro ejemplo de arquitectura REST. Se sabe que la "www" está compuesta de recursos (se puede considerar la web como recurso). Si se analiza cada recurso (web) se tendrá un identificador único (dicho identificador se corresponde con la URL a través de la que se accede a la web). Además, si se usa la URL junto con un protocolo HTTP se podrán realizar operaciones sobre el recurso (web). Las operaciones en HTTP se ejecutan mediante instrucciones o etiquetas tales como:

- *Get.* Equivale a la operación READ de REST.
- *Delete.* Equivale a la operación DELETE de REST.
- *Put.* Equivale a la operación UPDATE de REST.
- *Post.* Equivale a la operación CREATE de REST.

Llegados a este punto se confirma que la aplicación cliente en este ejemplo es el navegador.

 Recuerde

Los navegadores son los encargados de realizar las operaciones sobre los recursos (web), facilitando las operaciones que estén disponibles en el recurso al que se accede.

A continuación se describen algunas ventajas de REST sobre SOAP (que potencian el uso del primero siempre que sea posible):

- HTTP es un protocolo que comparte principios con REST, por lo tanto integrar este último con el primero no resultaría una tarea complicada. Al fin y al cabo se trata de usar el protocolo HTTP.
- Se tiene la posibilidad de usar muchos formatos de datos, con lo cual no se tiene la limitación a XML. Este punto es muy interesante para alguien que desconozca XML.
- Los servicios REST sufren un menor acoplamiento que los SOAP.
- Con un simple *framework* se puede trabajar directamente, no se necesitan tantas herramientas como en SOAP.
- REST ofrece suficiente potencialidad para trabajar con cualquier aplicación cliente.
- Lo mejor de todo es que REST es autodescubrible. No se necesita publicar en WSDL.

5.2. Lenguajes de definición de servicios: el estándar WSDL

WSDL son las siglas que se corresponden con *Web Services Description Lenguaje* que está basado en XLM y sirve para describir los servicios web que se crean. WSDL va a permitir a los consumidores descubrir la interfaz pública del servicio web que desean usar. Como se ha anotado anteriormente, está basado en XML y su contenido (del fichero WSDL) mantiene la forma de comunicación (protocolos a usar y la forma en que se van a codificar los mensajes).

Es muy común el uso de WSDL junto con SOAP y XML, por eso en la siguiente imagen se muestran cómo se colocan estos componentes:

Estructura general de componentes

Hay una serie de puntos sobre WSDL que deben quedar claros, puntos como:

- WSDL está escrito en XML.
- WSDL es un documento XML.
- WSDL se utiliza para describir servicios web.
- WSDL también puede usarse para localizar servicios web.
- WSDL es un estándar de W3C.

Como se sabe, un documento WSDL es un documento XML que en su interior contiene un conjunto de definiciones para describir un servicio web en concreto. Para ello, para poder describir el servicio web, se tienen los siguientes elementos dentro del documento:

- <types>. Contiene la definición de los tipos de datos que se van a usar en el servicio web.

- <message>. Contiene la definición de los datos de comunicación.
- <portType>. Un conjunto de operaciones soportadas por el puerto de comunicaciones.
- <binding>. Se trata de un protocolo y una especificación en particular para el tipo de puerto que se está usando en la comunicación.

A continuación, se detalla un ejemplo de la estructura general de un documento WSDL:

```
<definitions>

    <types>

        //Definición del tipo de datos usado por el servicio.

    </types>

    <message>

        // Definición de la comunicación.

    </message>

    <portType>

        // Conjunto de operaciones.

    </portType>

    <binding>

        // Protocolo y especificaciones.

    </binding>

</definitions>
```

Dentro de todos los elementos anteriores se puede destacar al elemento <portType> como uno de los fundamentales. En este elemento se describe un servicio web, las operaciones que se pueden realizar y los mensajes que participarán en dicho servicio web. Si se hace una comparación con los lenguajes de programación tradicionales se puede entender el elemento <portType> como una biblioteca de funciones que se usarán en el servicio web.

El elemento <mensaje> puede constar de una o más partes, y se podrán ver estas partes como los parámetros de la llamada a una función (variables que le pasan a la función) si se compara con un lenguaje de programación tradicional.

A continuación, se puede ver un ejemplo de WSDL:

```
<message name="getTermRequest">
    <part name="term" type="xs:string"/>
< /message>


< message name="getTermResponse">
    <part name="value" type="xs:string"/>
< /message>


< portType name="glossaryTerms">
    <operation name="getTerm">
        <input message="getTermRequest"/>
        <outputmessage="getTermResponse"/>
    </operation>
< /portType>
```

Recuerde

Es muy importante que el documento WDSL esté bien configurado conforme a la sintaxis correcta, dado que de no ser así no se estará llevando a cabo de forma adecuada la implementación.

Si se observa el código anterior se puede ver cómo en el elemento <portType> se define *"glossaryTerms"* como el nombre de un puerto, y a *"getTerm"* como el nombre de una determinada operación. Dicha operación tiene dos mensajes: uno correspondiente a la entrada y otro correspondiente a la salida. También los elementos <message> definen las partes de cada mensaje y los datos asociados a cada uno de ellos.

 Aplicación práctica

Definir un documento WSDL que soporte las operaciones de suma y resta (solo las operaciones, no hace falta su funcionalidad).

SOLUCIÓN

El código del documento WSDL quedaría como se muestra a continuación:

```
portType name="glossaryTerms">

    <operation name="Sumar">

        ...

    </operation>

    <operation name="Restar">

        ...

    </operation>

< /portType>
```

Si se observa el elemento <portType> (el cual define un servicio web, las operaciones que se pueden realizar en él y los mensajes que participan) se obtendrán las operaciones con las que se pueden operar. WSDL define cuatro tipos de operaciones para <portType>:

Recuerde

El elemento <portType> es uno de los fundamentales dentro del documento WDSL, dado que describe las operaciones a realizar.

- *"One-way"*. La operación que se está realizando en el servicio web puede recibir un mensaje pero no puede retornar una respuesta. Un ejemplo de código con *"One-way"* sería:

```
<message name="newTermValues">
    <part name="term" type="xs:string"/>
    <part name="value" type="xs:string"/>
< /message>

< portType name="glossaryTerms">
   <operation name="setTerm">
    <input name="newTerm" message="newTermValues"/>
   </operation>
< /portType >
```

En este ejemplo se define la operación *"setterm"* que permite la entrada de dos nuevos términos mediante un mensaje con los parámetros "expresión" y "valor".

- *"Request-response"*. La operación que se está realizando puede recibir una petición y retornar una respuesta.
- *"Solicit-response"*. La operación que se está ejecutando en el servicio web puede enviar una petición y puede esperar una respuesta. Un ejemplo de código se muestra a continuación:

```
<message name="getTermRequest">
    <part name="term" type="xs:string"/>
< /message>


< message name="getTermResponse">
    <part name="value" type="xs:string"/>
< /message>
< portType name="glossaryTerms">
  <operation name="getTerm">
    <input message="getTermRequest"/>
    < output message="getTermResponse"/>
  </operation>
< /portType>
```

En el ejemplo se ve cómo se define una operación llamada *"getTerm"* de petición-respuesta. Esta operación requiere de un mensaje de entrada *"getTermRequest"* con un parámetro "término" y puede devolver un mensaje de salida *"output"* llamado *"getTermResponse"* con un parámetro llamado "valor".

- *"Notification"*. La operación que se está ejecutando en el servicio web puede enviar un mensaje pero no puede esperar una respuesta.

 Sabía que...

Visual Studio Developer da acceso directo al documento WDSL con la configuración de un determinado sitio web.

5.3. Estándares de seguridad en servicios web: WS-Security, SAML, XACML, etc.

Como puntos fundamentales de seguridad que tienen que implementar los servicios web se pueden citar:

- Necesidad de que exista una autentificación mutua entre el cliente que accede a los servicios web y el proveedor de dichos servicios.
- Mantener una política de autorización de acceso a recursos, a operaciones y procesos en un escenario en el que además se debe controlar el acceso de clientes, proveedores, vendedores, etc. y sumar a todo lo anterior los posibles ataques que se puedan recibir del exterior.
- Objetivo. Identificar una sola vez al cliente de manera que pueda acceder a todos los servicios.
- Asegurar la integridad y confidencialidad de los datos que se intercambian entre cliente y servidor.
- Comprobar la no repudación de operaciones, lo que implica el uso de firmas en XML.

A continuación se muestra en la imagen los estándares disponibles para la seguridad de un servicio web:

ESTÁNDARES DISPONIBLES DE SEGURIDAD		
Elemento de seguridad	*Mecanismo de seguridad*	*Carácter*
Autenticación de servicios	Http Autentication	No recomendado
	SSL X509 Certificate	No recomendado
	WS-Security Tokens	Recomendado
Autenticación de usuarios	SAML	Recomendado
Integridad	SSL	Recomendado
	WS-Signature	Recomendado

Continúa en página siguiente >>

<< Viene de página anterior

ESTÁNDARES DISPONIBLES DE SEGURIDAD		
Elemento de seguridad	*Mecanismo de seguridad*	*Carácter*
No repudio	WS-Signature WS-Adressing logs	Recomendado
Confidencialidad	SSL	Recomendado
	WS-Encryption	Recomendado
Política de seguridad	WS-Policity	Recomendado

WS-Security

Este estándar brinda una especificación que tiene una serie de beneficios/mejoras sobre la mensajería SOAP. Este protocolo se fundamenta en dos características principales:

- Integridad y confidencialidad de los mensajes.
- Autenticación de un mensaje determinado.

WS-Security indica el procedimiento mediante el cual se puede anexar a los mensajes que se intercambian, *tokens* de seguridad, y codificar dichos *tokens* de seguridad. Un *token* de seguridad es un elemento que está compuesto por tres declaraciones de seguridad:

- Propagación de *tokens* de seguridad.
- Confidencialidad de los mensajes.
- Integridad de los mensajes.

El objetivo principal de *WS-Security* es el de permitir intercambios seguros de mensajes SOAP. A la hora de poder hablar de intercambios seguros de mensajes SOAP se deben tener en cuenta los siguientes posibles escenarios:

- El mensaje puede ser captado, modificado o bien leído por un tercero sin permiso alguno.

- Un tercero puede proceder a enviar mensajes a un servicio y si este no está bien protegido (no es seguro) no se garantizaría el proceso.

 Consejo

A la hora de establecer comunicaciones es importante basarse en protocolos seguros para garantizar un mínimo de seguridad, nunca se sabe por qué nodos van a pasar los mensajes.

Es por lo anterior que *WS-Security* define un modelo de seguridad de mensajes. Este modelo está basado en *tokens* de seguridad combinados con firmas digitales. Los primeros contienen afirmaciones y los segundos las herramientas necesarias para comprobar la clave del emisor.

Cuando se habla de afirmaciones se señalan dos tipos:

- **Afirmación respaldada.** Este tipo de afirmaciones tiene que ser respaldada por una autoridad y es representada mediante *tokens* de seguridad firmados digitalmente por la autoridad que afirma el respaldo.
- **Afirmación no respaldada.** No hay intervención de autoridad ninguna y se basa en la relación de confianza entre emisor y receptor, por ejemplo, el uso clásico de usuarios y contraseñas para acceder a ciertos servicios puede ser una afirmación no respaldada.

Además de todo lo anterior *WS-Security* debe proteger el contenido del mensaje de posibles atacantes o de posibles modificaciones (variar el contenido del mensaje que el emisor envía al receptor). Para proteger un mensaje lo que hace *WS-Security* es cifrar y/o firmar el cuerpo, una cabecera, un anexo o bien una combinación de los anteriores.

Recuerde

Conocer todos los estándares de seguridad permitirá desarrollar aplicaciones o sitios web mucho más seguros.

WS-Policy

Esta especificación tiene como objetivo fundamental delimitar las diferentes políticas que coexisten en un servicio web. Para ello se debe manejar el fichero XML que lo define y anotar que esta especificación forma parte de la familia de tecnologías basadas en servicios web. Por ello, con esta especificación se pueden describir las capacidades y restricciones asociadas al servicio web que se esté desarrollando.

WS-Federation

Normalmente se encuentra el siguiente escenario: el consumo y la prestación del servicio que se consume utilizan tecnologías totalmente distintas de seguridad, por ello se necesita una traducción de los datos desde una tecnología a otra.

Por **federación** se entiende un conjunto de reglas de seguridad mediante las cuales un proveedor proporciona acceso autorizado a los recursos de un sistema distribuido. *WS-Federation* es una especificación que indica cómo se tiene que llevar a cabo la identificación de los participantes en una comunicación. Normalmente se suele hacer mediante la definición de perfiles de las entidades.

WS-Addresing

Esta especificación tiene un papel fundamental en la seguridad a nivel de los mensajes SOAP, dado que proporciona las herramientas necesarias para enviar los mensajes por la capa de transporte de un modo ciertamente independiente. La protección del mensaje va a ofrecer dos ventajas fundamentales:

- En vez de firmar o cifrar el mensaje entero se van haciendo paquetes y estos se firman o cifran. Se obtiene más flexibilidad.
- Como un paquete va a pasar por cientos de nodos antes de llegar a su destino, un nodo cualquiera puede coger el mensaje y añadirle sus propios encabezados y firmar o cifrar dicho paquete.

Dado que *WS-Addresing* va a permitir tener seguridad de un extremo a otro (Cliente-Servidor/Servidor-Cliente) en la mensajería SOAP se dispone de una información valiosa como:

- De dónde viene el paquete.
- Dirección a la que va el paquete.
- Persona, servicio o aplicación que recibe el paquete.
- Qué hacer si el paquete no se puede entregar donde debe entregarse.
- Cabecera del mensaje SOAP.

Recuerde

WS-Addresing es fundamental para la seguridad en los mensajes SOAP, con lo cual, si no es correctamente aplicado, se tendrá un agujero de seguridad en los mensajes SOAP.

Los elementos que va a poder incorporar *WS-Addressing* a un mensaje SOAP son:

- EPR *(EndPoint References)*. Son referencias de invocación que identifican el punto en el que tienen que ser entregados los mensajes. Pueden contener las siguientes propiedades:

▌ [wsa: Address]. Esta propiedad contiene una URL que identifica el punto de acceso al servicio. Es obligatoria su definición.

▌ [wsa: ReferencePropierties]. Conjunto de propiedades necesarias para la identificación de la entidad o del recurso transportado.

▌ [wsa: ReferenceParameters]. Parámetros que facilitan los nodos que recorren los mensajes.

▌ [wsa: PortType]. El tipo de puerto usado para mandar los mensajes.

▌ [wsa: ServiceName]. El nombre del servicio encargado de la comunicación de los mensajes.

▌ [wsp: Policy]. Políticas pertenecientes a *WS-Policy* que se aplican.

■ MIH *(Message Information Headers)*. Cabeceras con información sobre el mensaje y que no pueden ser modificadas en el transporte del mismo. Al igual que el elemento anterior se compone de las siguientes propiedades:

▌ [destination,wsa: To]. URL que identifica el destino del mensaje, es decir, a quién hay que entregárselo.

▌ [source endpoint, wsa: From]. Una referencia de punto de fin del emisor del mensaje.

▌ [fault endpoint, wsa: ReplyTo]. Una referencia de punto de fin que contiene el punto de acceso al que dirigir la respuesta.

▌ [fault endpoint, wsa: FaultTo]. Una referencia de punto de fin que contiene el punto de acceso al que se deben dirigir los mensajes en caso de fallo.

▌ [action, wsa: Action]. Una URL que identifica el mensaje como un mensaje de entrada, salida, o error en el WSDL del servicio web de destino.

▌ [message id, wsa: MessageID]. Una URL que identifica en exclusiva el mensaje. Esta propiedad es totalmente obligatoria si se espera una respuesta.

▌ [relationship, wsa: RelatesTo]. Identifica la relación entre los mensajes.

Recuerde

MIH son las cabeceras del mensaje que son enviadas por la red y que no pueden ser modificadas bajo ningún concepto.

WS-TRUS

Esta especificación va a permitir dotar al estándar *WS-Security* con nuevos mecanismos de seguridad. Para ello se crea un nuevo proceso en el sistema que va a ser el encargado de solicitar si la petición que llega cumple con una serie de requisitos previos. En caso de no cumplir con esta serie de requisitos se tendrá que pedir al STS (Servicio de Tokens de Seguridad).

SAML

SAML *(Security Authorization Markup Lenguage)* es un derivado de XML diseñado para intercambiar y autentificar datos, no solo pertenecientes al mismo dominio de seguridad, sino de dominios distintos. En realidad, más que de una especificación se trata de un *framework*. Su objetivo principal será el de crear un conjunto de procesos que puedan realizar de forma segura el intercambio de datos. Esto se efectúa mediante afirmaciones SAML, las cuales pueden informar sobre:

- Autentificación.
- Atributos.
- Toma de decisiones de autorización.

Estas afirmaciones SAML normalmente están compuestas por una serie de declaraciones usadas por el proveedor de servicios para la toma de decisiones en el control de acceso. SAML proporciona las siguientes declaraciones:

- Declaraciones de autentificación. Permite saber que se ha autentificado de forma correcta.

- Declaración de atributo. Un atributo es un par nombre-valor y va a servir para la toma de decisiones.
- Declaración de la decisión de autorizar. Permite realizar operaciones sobre los recursos.

XACML

XACML *(Extensible Access Control Markup Lenguage)* es un lenguaje que se basa en XML para el control de acceso. Ha sido estandarizado por OASIS y describe un lenguaje de políticas de control de acceso (quién puede hacerlo y cuándo puede hacerlo) y un lenguaje para las peticiones y/o respuestas.

OASIS son las siglas de *Organization for the Advacement of Structured Information Standars* y es una organización global sin ánimo de lucro que fomenta el desarrollo de estándares asociados a los negocios en la red y el intercambio de datos. La organización fue fundada en el año 1993 y actualmente cuenta con más de 2.000 miembros de 600 organizaciones de varios países. Dicha organización se centró en dos puntos fundamentales:

- Definir un lenguaje para los mensajes de autorización.
- Definir un lenguaje para las políticas.

Desde esta dirección web <https://www.oasis-open.org/committees/tc_home.php?wg_abbrev=xacml> se pueden consultar las especificaciones de OASIS. Como ventajas de uso de XACML se pueden citar las siguientes:

- Sencillez: no es necesario manejar varias herramientas de diseño o desarrollo.
- Si se necesita migrar un servidor no es preciso reescribir de nuevo las políticas de acceso. Si los sistemas utilizaran estructuras incompatibles este punto sería impensable.
- Se puede reutilizar el código ya existente en un nuevo proyecto de políticas de acceso.
- XACML puede ser usado:

    - Centralizado. Un conjunto único de políticas de acceso se usa para tener el control sobre varios tipos de recursos.

▪ No centralizado. Varios conjuntos de políticas de acceso se usan para tener el control sobre varios tipos de recursos.

Sin embargo se citan tres desventajas:

■ El almacenamiento de las políticas de autorización tiene que ser definido.
■ Hay que realizar un mantenimiento. Esto implica definir usuarios que puedan o no realizar dicho mantenimiento.
■ Hay que garantizar puntos fundamentales como:

▪ Escalabilidad.
▪ Disponibilidad.
▪ Tolerancia a fallos.

Sabía que...

La palabra *framework* significa marco de trabajo. Se corresponde con un conjunto estándar de conceptos, prácticas y criterios para enfocar un determinado problema y poder así dar solución al mismo.

A continuación, se realiza la implementación de un servicio web que permita convertir la temperatura de grados Fahrenheit en Celsius y al revés. Antes de comenzar con la implementación del servicio web se tienen que tener instalados una serie de requisitos *software* en el equipo. Estos son:

■ *Microsoft Internet Information Services* (IIS).
■ *Net Framework 3.5 o superior.*
■ *Microsoft Visual Studio.*

Desde la siguiente dirección <https://learn.microsoft.com/es-es/aspnet/core/host-and-deploy/iis/development-time-iis-support?view=aspnetcore-

7.0#enable-iis> se puede acceder a un tutorial de Microsoft acerca del proceso para activar el servidor ISS en los sistemas operativos Windows.

Para obtener una copia de *Microsoft Visual Studio* se puede acceder a la dirección <https://visualstudio.microsoft.com/es/downloads/> Esta ofrece distintas versiones la gratuita (Community) y las de pago (Professional y Enterprise).

Los pasos necesarios para implementar el servicio web de temperatura son:

1. Se abre el IDE *Visual Web Studio.*
2. Hay que confirmar que se han instalado todos los componentes correspondientes a la opción "Desarrollo de ASP.NET y web".
3. Dentro de la pantalla principal se puede clicar dentro de la opción "Crear un proyecto" o si ya se encuentra inicializado *Visual Studio* acudir a menú Archivo > Nuevo > Proyecto.
4. Se selecciona la opción "Aplicación web ASP.NET (.NET Framework) y se introduce el nombre del proyecto "TemperatureWebService". Es importante deseleccionar la casilla "Colocar la solución y el proyecto en el mismo directorio".

Pantalla en la que se establece el nombre de la aplicación web

5. Una vez creado el servicio web. En el explorador de soluciones donde pone "TemperatureWebService" se debe clicar con el botón derecho del ratón sobre la opción Agregar > Agregar nuevo elemento > Servicio Web (ASMX).

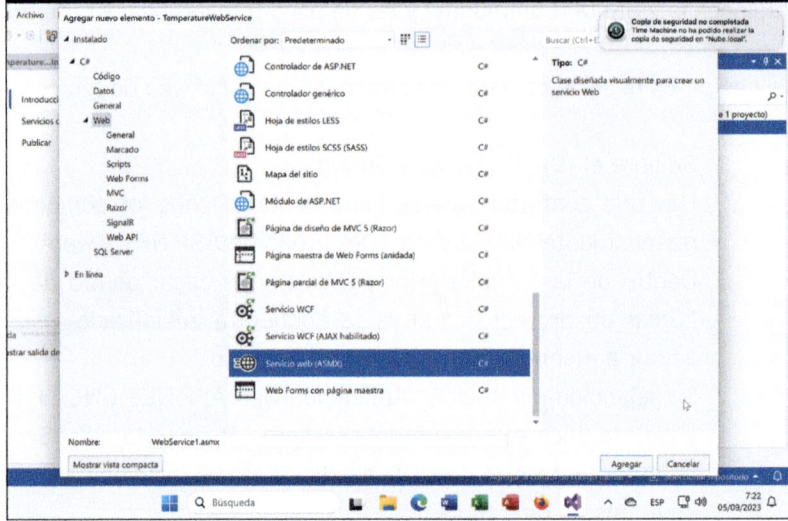

Pantalla en la que se selecciona el servicio web

6. Después del método HelloWorld, se debe incorporar el siguiente código para crear el servicio web.

```
[System.Web.Services.WebMethod()]
public double FahrenheitToCelsius(double Fahrenheit)
{
    return ((Fahrenheit - 32) * 5) / 9;
}

[System.Web.Services.WebMethod()]
public double CelsiusToFahrenheit(double Celsius)
{
    return ((Celsius * 9) / 5) + 32;
}
```

```
16        // quite la marca de comentario de la línea siguiente.
17        // [System.Web.Script.Services.ScriptService]
          0 referencias
18        public class WebService1 : System.Web.Services.WebService
19        {
20
21            [WebMethod]
              0 referencias
22            public string HelloWorld()
23            {
24                return "Hola a todos";
25            }
26
27            [System.Web.Services.WebMethod()]
              0 referencias
28            public double FahrenheitToCelsius(double fahrenheit)
29            { return ((fahrenheit - 32) * 5) / 9; }
30
31            [System.Web.Services.WebMethod()]
              0 referencias
32            public double CelsiusToFahrenheit(double Celsius)
33            {
34                return ((Celsius * 9) / 5) + 32;
35            }
36        }
37    }
38
```

Pantalla en la que se incorpora el código

7. Se guarda el archivo en el que se ha incorporado el código.
8. Dentro del explorador de soluciones se debe pulsar la tecla con un triángulo verde identificada en la barra superior de herramienta como ISS (Navegador), lo que provocará la ejecución del servicio.
9. Si el servicio se ejecuta correctamente veremos una ventana como la siguiente imagen.

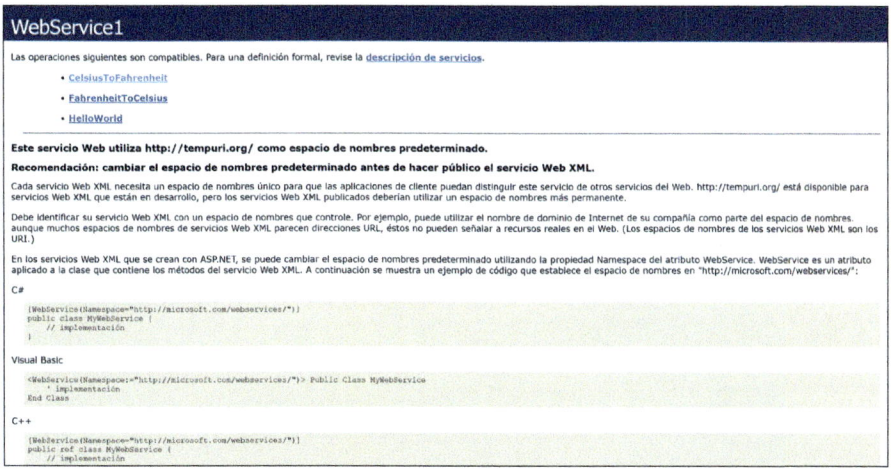

Pantalla en la que se puede comprobar que el servicio se ha lanzado correctamente.

10. Solo queda probar el método. Si seleccionamos CelsiusToFahrenheit y escribimos el valor 100, al invocar el método se abrirá una ventana con el resultado (212).

Actividades

14. Realice un servicio web que permita sumar dos números enteros.
15. Realice un servicio web que permita restar dos números enteros.
16. Realice un servicio web que permita multiplicar y dividir dos números enteros.
17. Utilizando los códigos anteriores realice un servicio web que permita sumar, restar, multiplicar, dividir y calcular el resto de dos números enteros.

Aplicación práctica

Modificar el código del servicio web anterior para que se tenga la posibilidad de obtener los grados Kelvin (0 grados Celsius son 273,15 grados Kelvin). Para ello se deberá crear el método Kelvin que pasará los grados Celsius a Kelvin.

SOLUCIÓN

Se añade el siguiente método web:

```
[System.Web.Services.WebMethod()]

public double KelvinToCelsius(double Celsius)

{

      return (Celsius+273,15)

}
```

6. Implementación de la seguridad en arquitecturas orientadas a servicios

Desde la antigüedad el ser humano se ha basado en la ocultación de mensajes para poder transmitir información secreta a otras personas. Dicho acto de comunicación se define como **esteganografía.** Antiguamente, usaban algunas técnicas como afeitar la cabeza a un mensajero, anotar en ella el mensaje, y esperar a que el pelo creciera para que esa persona entregara el mensaje. También en la antigua China el mensaje se escribía en papel de seda recubierto de cera. Después se hacía una bola con el papel y era tragada por un mensajero para llevarla a su destino.

Actualmente también se usa la esteganografía para esconder un mensaje dentro de otro mensaje, de tal forma que el más externo se hace público (visible por todos) y solo el receptor de dicho mensaje, aplicando alguna descodificación, podrá recuperar el mensaje oculto. Para ello se puede:

- **Ocultar mensajes en imágenes.** En vez de ver la imagen como tal, lo que se hace es traspasarla a código ASCII y ahí se puede colocar el mensaje con unas determinadas reglas.
- **Realizando marcas de agua.** Si se realiza una marca de agua sobre una imagen se tendrá la total certeza de que si se ve esa imagen con esa marca de agua se podrá identificar como propia, y además se tendrá constancia de si está siendo usada por alguien habilitado o no.

El mayor problema que presenta esta esteganografía radica en que el mensaje sea interceptado (cosa que no es posible prevenir ni saber). Ante esta falta de seguridad es por lo que nace la criptografía moderna.

6.1. Conceptos básicos de criptografía

Según la Real Academia de la Lengua Española se define criptografía como "el arte de escribir con clave secreta o de modo enigmático". Quizás en el origen de la informática esta descripción fuese bastante acertada, pero a día de hoy se indican varios motivos que hacen que se deseche dicha definición:

- **Arte.** Actualmente la criptografía es toda una ciencia en enorme auge.
- **Escritura.** Actualmente no solo se escriben mensajes, sino que se envían a través de redes, se guardan en ordenadores, móviles, etc. y todo ello bajo un amplio abanico de formatos: txt, doc, exe, dll, jpg, doc, xls, etc.
- **Con clave.** Los sistemas actuales basados en la informática no usan una sola clave, sino una combinación de ellas.
- **Clave secreta.** Actualmente está desfasado. Se tienen sistemas que usan una clave y sistemas de clave pública que usan dos claves: una privada (secreta) y otra pública.
- **Modo enigmático.** Los ordenadores manejan el modo binario y si dicha información es enigmática, ¿cómo es procesada?

Definición

Criptografía
La rama inicial de las matemáticas (en la actualidad también se incluye la rama de la informática y la rama de la telemática) que hace uso de métodos y técnicas con el principal objetivo de cifrar y proteger información o archivos por medio de algoritmos y el uso de claves.

La forma en que se cifra dará lugar a varios tipos de sistemas criptográficos que son denominados **criptosistemas.** Un criptosistema debe asegurar siempre al menos tres de los cuatro principios básicos de la seguridad informática:

- Confidencialidad de datos.
- Integridad de datos.
- Autenticidad del emisor.
- Comunicación entre emisor y receptor de los datos.

Formalmente se puede definir un criptosistema como una quíntupla (M, C, K, E, D) donde:

- M representa el conjunto de todos los mensajes sin cifrar que van a ser enviados (texto plano).

- C representa el conjunto de todos los posibles mensajes cifrados (criptogramas).
- K representa el conjunto de claves que se pueden emplear en el criptosistema.
- E es el conjunto de transformaciones de cifrado o familia de funciones que se aplican a cada elemento que compone M para obtener un elemento C. Se tiene una E_k diferente para cada valor posible de la clave K.
- D es el conjunto de transformaciones de descifrado (muy parecido a E).

Por tanto, todo criptosistema tiene que cumplir la siguiente condición básica:

$$D_k(E_k(m)) = m$$

Esta consiste en que si se tiene un mensaje (m), se cifra empleando una determinada clave (k), y luego se descifra empleando la misma clave (k) debiendo obtener sin duda alguna el mismo mensaje original (m). Un resumen conceptual del criptograma se muestra en la siguiente imagen:

Ejemplo de criptosistema

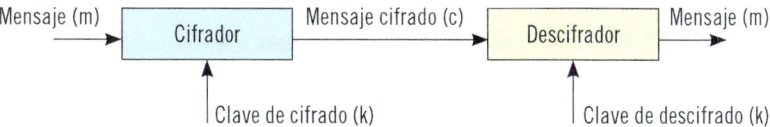

A continuación se codifica la palabra "César" usando la técnica de "Cifrado César" y se señala el mensaje que recibiría el usuario ya criptado. Como indicación tomar k = 3.

Se parte del siguiente conjunto de símbolos {a, b, c, d,..., z} al que se le asignan los siguientes valores {0, 1, 2, 3,..., 27} quedando cada símbolo identificado por su número de la siguiente forma: a → 0, b → 1, c → 2... z → 27. Está claro que si se codifican palabras el conjunto del alfabeto serán los caracteres que componen dicho alfabeto (en este ejemplo solamente se considerarán caracteres en minúscula). Se tiene la siguiente información:

- Z_{27} (alfabeto).
- $E_k(x) = x + k$ (mod 27). (Esto será enviado).
- $D_k(x) = x - k$ (mod 27). (Esto será recibido).

Si se observa, lo que se hace es codificar: si llega la letra 'a' se observa a k y según su valor es la letra que se devuelve, por ejemplo para valores k:

- $1 \rightarrow b$.
- $2 \rightarrow c$.
- $3 \rightarrow d$.
- Etc.

Luego por esta regla de tres, si se fija para el ejercicio K = 3 (para codificar el mensaje):

$$E_3(cesar) = fhvdu$$

Se describen los pasos:

1. Se recibe 'c' como k = 3. Se apunta a tres caracteres más adelante: c, d, e, f y se queda con el que apunte k → f.
2. Se recibe 'e' y como k = 3, e, f, g, h con lo cual se queda con h.
3. Se recibe 's' y como k = 3, s, t, u, v con lo cual se queda con v.
4. Se recibe 'a' y como k = 3, a, b, c, d con lo cual se queda con d.
5. Se recibe 'r' y como k = 3, r, s, t, u con lo cual se queda con u.

Y así se llega al final del cifrado de "César" obteniendo el cifrado "fhvdu". En el descifrado tal y como se definió anteriormente lo que se hizo fue restar tres posiciones al carácter.

E igualmente si se realiza el paso contrario:

D3(fhvdu) = César

Se estructuran los pasos:

1. Se recibe 'f' como k = -3. Se apunta a tres caracteres hacia atrás: f, e, d, c y se obtiene el caracter C k → c.
2. Se recibe 'h' y como k = -3, h, g, f, e con lo cual se queda con e.
3. Se recibe 'v' y como k = -3, v, u, t, s con lo cual se queda con el caracter s.
4. Se recibe 'd' y como k = -3, d, c, b, a con lo cual se queda con el caracter a.
5. Se recibe 'u' y como k = -3, u, t, s, r con lo cual se queda con el caracter r.

Se observa que se obtiene la palabra "César" descodificando la palabra "fhvdu".

 Actividades

18. Realice un cifrado César con k = 3 para E3(Zamora).
19. Realice un cifrado César con k =5 para E5(Córdoba).
20. Realice un descifrado César con k = 5 para D5(jxyfsyjwnf).
21. Realice un descifrado César con k = 4 para D4(pe gewe).

A continuación, se codifica el texto "Vamos a" usando una palabra clave "asdfg" mediante la técnica de cifrado de "Vigenère".

El concepto es igual que el cifrado de César pero a cada símbolo a codificar se le añade un cierto desplazamiento, por ejemplo, partiendo de un alfabeto

{' ', a, b, c,..., z} con la asignación {0, 1, 2, 3,..., 27} se tendría el siguiente escenario:

- $E_k(x_1 x_2 \dots x_n) = (x_1 + k_1, x_2 + k_2, \dots, x_n + k_n)$ (mod 27).
- $D_k(x_1 x_2 \dots x_n) = (x_1 - k_1, x_2 - k_2, \dots, x_n - k_n)$ (mod 27).

Se toma la palabra "asdfg" como palabra cifradora. Si se obtienen sus correspondientes asignaciones se observa que k = (1, 19, 4, 5, 7). Se quiere cifrar el siguiente mensaje "vamos a".

v	a	m	o	s		a
22	1	13	15	19	0	1
a	s	d	f	g	a	s
1	19	4	6	7	1	19

Los pasos que se han dado para cifrarlo son:

1. El carácter 'v' ocupa una asignación 22. Se mira en k y se tiene el primero a 'a' con 1 → (22 + 1) (mod 27) = 23 que corresponde con 'w'.
2. El carácter 'a' ocupa una asignación 1. Se mira en k y se tiene el primero a 's' con 19 → (1 + 19) (mod 27) = 20 que corresponde con 't'.
3. El carácter 'm' ocupa una asignación 13. Se mira en k y se tiene el primero a 'd' con 4 → (13 + 4) (mod 27) = 17 que corresponde con 'q'.
4. Llega el carácter 'o' ocupa una asignación 15. Se mira en k y se tiene el primero a 'f' con 6 → (15 + 6) (mod 27) = 21 que corresponde con 'u'.
5. Llega el carácter 's' ocupa una asignación 19. Se mira en k y se tiene el primero a 'g' con 7 → (19 + 7) (mod 27) = 26 que corresponde con 'z'.
6. Llega el carácter ' ' ocupa una asignación 0. Se mira en k y se tiene el primero a 'a' con 1 → (0 + 1) (mod 27) = 1 que corresponde con 'a'.
7. Llega el carácter 'a' ocupa una asignación 1. Se mira en k y se tiene el primero a carácter 's' con 19 → (1 + 19) (mod 27) = 20 que corresponde con 't'.

Si se procede a unir lo que se ha obtenido de codificar "vamos a" es lo siguiente: "wtquzat".

El que reciba el mensaje deberá de seguir los pasos contrarios (restar esos desplazamientos) para obtener el mensaje.

Se muestra paso por paso:

1. Llega el carácter 'w' ocupa una asignación 23. Se mira en k y se tiene el primero a 'a' con $1 \rightarrow (23 - 1)$ (mod 27) $= 22$ que corresponde con 'v'.
2. Llega el carácter 't' ocupa una asignación 20. Se mira en k y se tiene el primero a 's' con $19 \rightarrow (20 - 19)$ (mod 27) $= 1$ que corresponde con 'a'.
3. Llega el carácter 'q' ocupa una asignación 17. Se mira en k y se tiene el primero a 'd' con $4 \rightarrow (17 - 4)$ (mod 27) $= 13$ que corresponde con 'm'.
4. Llega el carácter 'u' ocupa una asignación 21. Se mira en k y se tiene el primero a 'f' con $6 \rightarrow (21 - 6)$ (mod 27) $= 15$ que corresponde con 'o'.
5. Llega el carácter 'z' ocupa una asignación 26. Se mira en k y se tiene el primero a 'g' con $7 \rightarrow (26 - 7)$ (mod 27) $= 19$ que corresponde con 's'.
6. Llega el carácter 'a' ocupa una asignación 1. Se mira en k y se tiene el primero a 'a' con $1 \rightarrow (1 - 1)$ (mod 27) $= 0$ que corresponde con ' '.
7. Llega el carácter 't' ocupa una asignación 20. Se mira en k y se tiene el primero a 's' con $19 \rightarrow (20 - 19)$ (mod 27) $= 1$ que corresponde con 'a'.

Si se unen los resultados se obtiene "vamos a".

 Actividades

22. Realice un cifrado de Vigenère para el mensaje "esto es confidencial" usando como palabra cifradora "melocotón".
23. Realice un cifrado de Vigenère para el mensaje "hola Carlos cómo estás" tomando como palabra cifradora "casa".
24. Indique qué mensaje se ha enviado si se recibe la siguiente información: 'GSECHEEUWC' y se ha usado como palabra cifradora "calculado".

6.2. Tipos de criptografía

Los tipos de criptosistemas que pueden encontrarse se clasifican según dos criterios:

- Según el tipo de claves:

  - Simétricos o de clave privada.
  - Asimétricos o de clave pública.

- Según el tratamiento del texto plano:

  - Cifradores de bloque. El resultado de cifrar no solo depende de un único carácter, sino de un grupo de caracteres alrededor del primero. Algunos ejemplos son el cifrado de Hill, DES y AES.
  - Cifradores de flujo. Cada carácter del mensaje que se está cifrando se cifra del mismo modo independientemente de los caracteres que le rodeen. Algunos ejemplos son el cifrado de César, el cifrado con la máquina Enigma y el cifrado de Vernam.

A continuación, se desarrollan los cifradores Simétrico/Asimétrico.

Criptosistemas simétricos

Son conocidos como de clave privada, de clave simétrica o de clave secreta. Además es importante que el emisor y receptor compartan la misma clave secreta, dado que con esta clave se cifran y descifran los mensajes (de ahí la importancia de mantener dicha clave en secreto). Sin embargo, este punto presenta dos problemas fundamentales:

- ¿Qué pasaría si alguien deduce la clave secreta? Tendría acceso a descifrar la información que se cifra o bien a crear otros textos cifrados y enviarlos como si fuera el propio usuario el que lo hace.
- Si ambas partes deben conocer la clave secreta en algún momento tiene que haber comunicación entre emisor y receptor para comunicarse la clave. Esto genera el problema de transmitir una clave de forma segura por un medio que no es seguro.

? Sabía que...

Desde la antigüedad el ser humano se ha preocupado mucho por mantener comunicaciones cifradas sin que otros sean capaces de descubrirlas, de ahí el alto grado de desarrollo de la criptografía moderna.

Todo criptosistema debe cumplir unos aspectos básicos. Estos son:

- **Confidencialidad.** Aunque alguien pueda interceptar los mensajes, si no dispone de la clave para descifrarlos es como si no tuviera nada.
- **Integridad.** Si solo conocen la clave el emisor y el receptor nadie (a priori) se enterará de los mensajes que ambos se envíen. Es decir, nadie en nombre propio podrá enviar mensajes al emisor puesto que no conoce la clave y los mensajes no se encriptarán correctamente.
- **Autenticidad.** Si solo emisor y receptor conocen la clave no cabe duda de que si uno envía el otro recibe el mensaje y al revés.
- **No repudio.** Si receptor recibe un mensaje de emisor con la clave correcta, el emisor no puede repudiar (renegar) del mensaje que ha enviado.

Se representan estos principios de forma gráfica: el emisor envía los mensajes aplicando la clave secreta y al revés.

Criptosistema simétrico

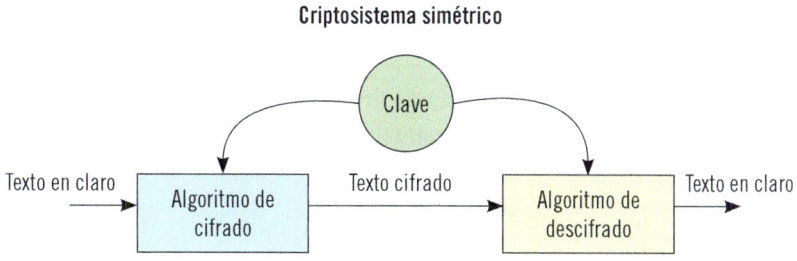

Criptosistemas asimétricos

En este tipo de criptogramas se usan dos claves para enviar los mensajes. Ambas claves pertenecen a la persona que envía el mensaje. ¿Qué sentido tiene el uso de dos claves?

- Una clave es pública y puede ser entregada a cualquier persona con la que se quiera comunicar.
- La otra clave es privada y debe ser custodiada por los usuarios haciendo todo lo posible por evitar que sea sustraída.

Obviamente, se tiene que garantizar siempre que ese par de claves que se usan sean únicas, dado que de lo contrario no tendría sentido alguno una criptografía asimétrica. Lo que en realidad se evita es que haya dos personas con el mismo par de claves.

Si el remitente usa una clave pública del destinatario para cifrar su mensaje, una vez que es cifrado y enviado al destinatario solo la clave privada de este podrá descifrar dicho mensaje, dado que como se ha dicho anteriormente, se garantiza que ese par de claves sea único y solamente el destinatario disponga de la llave para abrir ese mensaje.

De esta forma se puede garantizar el envío del mensaje por un canal seguro o no seguro. Si es seguro no habrá problemas, y si es inseguro y alguien capta ese mensaje, como no dispone de la clave privada, no podrá abrirlo.

A continuación, se muestra un resumen gráfico del funcionamiento de los criptosistemas asimétricos:

Criptosistema asimétrico

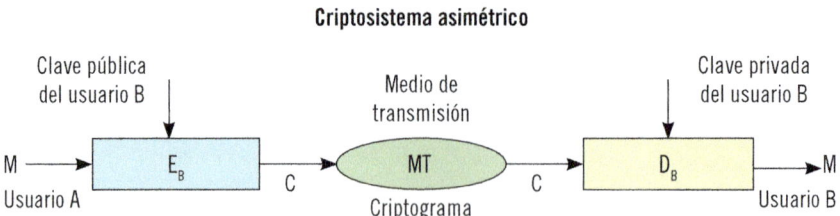

A continuación, una persona A quiere comunicarse con B usando criptogramas asimétricos:

- La persona A redacta el mensaje.
- La persona A cifra el mensaje con la clave pública de la persona B.
- La persona A envía el mensaje cifrado a la persona B mediante internet, correo electrónico, etc.
- La persona B recibe el mensaje cifrado y lo descifra con su clave privada.
- La persona B puede leer el mensaje original que le ha enviado la persona A.

Luego se puede afirmar que los criptosistemas asimétricos nacieron de la necesidad de evitar que emisor y receptor se pusieran de acuerdo en qué clave elegir para realizar una comunicación: con las claves públicas no es necesario que emisor y receptor tengan que ponerse de acuerdo en la clave a usar. Todo lo que requiere la criptografía asimétrica es que el remitente obtenga una copia de la clave pública del destinatario (que se usará para la comunicación entre ambos).

Recuerde

Los sistemas asimétricos también son conocidos con el nombre de criptogramas de clave pública o como criptografía de dos claves.

Dentro de los criptogramas de clave pública se pueden diferenciar dos partes principales:

- **Cifrado de clave pública.** Es la idea que se acaba de desarrollar. Un mensaje se cifra con una clave pública de un destinatario el cual solo puede ser descifrado por el que tenga la clave privada correspondiente a esa clave pública.
- **Firmas digitales.** El mensaje es firmado con la clave privada del remitente de tal forma que puede ser verificado por cualquiera que tenga

acceso a la clave pública del remitente (con esto queda demostrado que el remitente tiene la clave privada).

6.3. Entidades certificadoras

En criptografía una entidad o autoridad certificadora es una entidad de confianza la cual es responsable de emitir y revocar/eliminar los certificados digitales (usados en las firmas electrónicas). Esta entidad certificadora se apoya en una entidad de registro que es la encargada de verificar la identidad del solicitante del certificado en cuestión antes de que le sea expedido.

La entidad de certificación es la que va a certificar que es el usuario el que hace uso de un determinado servicio ante terceros. Del mismo modo la entidad de certificación puede revocar un certificado que no sea válido (aún en periodo de vigencia). Cuando en criptografía se habla de entidad o autoridad de certificación se hace referencia a una entidad de confianza, que va a ser la responsable de emitir y revocar los certificados digitales que son usados en la firma electrónica empleando para ello criptografía de clave pública.

Listado de entidades certificadoras:

1. Banco Santander, S. A.
2. Dirección General de la Policía.
3. Agencia Notarial de Certificación S. L. Unipersonal (ANCERT).
4. Fábrica Nacional de Moneda y Timbre – Real Casa de la Moneda (FN-MT-RCCM) (FNMT).
5. Consorci Administració Oberta de Catalunya – COAC (Agencia Catala de Certificacio) (CATCert).
6. ANF Autoridad de Certificación Asociación ANF AC.
7. Consejo General de la Abogacía Española (ACA).
8. Healthisign, S. L.
9. Agencia de Tecnología y Certificación Electrónica (ACCV) (Generalitat Valenciana).
10. AC Camerfima, S. A.
11. Colegio Oficial de Registradores de la Propiedad y Mercantiles de España (CORPME).

12. Autoridad de Gestión de la PKI del Ministerio de Defensa – AGPMD. Subdirección General de Tecnologías de la Información y Comunicaciones – SDGTIC (MDEF).
13. Ziurtapen eta Zerbitzu Enpresa- Empresa de Certificación y Servicios, Izenpe S.A.
14. Firmaprofesional, S. A.
15. Consejo General de Colegios Oficiales de Médicos de España (CGCOM) (Organización Médica Colegial).
16. Banco de España.
17. Servicio de Salud de Castilla-La Mancha (SESCAM).
18. SIGNE, S. A.
19. Ministerio de Hacienda y Administraciones Públicas (DNIe).
20. Logalty
21. Validate ID

 Nota

Dependiendo del país en el que el usuario esté ubicado se tendrá a disposición un abanico más o menos grande de entidades certificadoras.

La autoridad de certificación verifica la identidad del solicitante de un certificado antes de su expedición. Los certificados llevan asociados ciertos datos de su titular y su clave pública además de estar firmados electrónicamente por dicha autoridad de certificación. Se puede ver a la entidad certificadora como un prestador de servicios de certificación que verifica la identidad ante terceros.

Recuerde

Un certificado cuando es revocado, aunque esté en periodo de vigencia, no es un certificado válido.

Para que una entidad certificadora pueda emitir un certificado se tendrá que basar en el uso de unas determinadas funciones del *software* del servidor web (donde la entidad solicitante lo solicita), además de ciertos datos identificativos (se puede destacar el servidor de la URL) y a continuación generar un par de claves pública/privada. Lo que se hace con esta información es guardarla bajo un determinado fichero, el cual contiene una petición CSR *(Certificate Signing Request)* que contiene las claves.

6.4. Certificados digitales. Características

Un certificado digital es una forma de identificación digital. Así como en la vida diaria se usa el pasaporte, el permiso de conducir o el Documento Nacional de Identidad, un certificado digital va a permitir la identificación en internet ante cualquier entidad.

Un certificado digital es, al fin y al cabo, un tipo de credencial en soporte digital que proporciona información sobre la identidad de una entidad, así como otra información extra.

Los certificados digitales son emitidos por las autoridades competentes al respecto, que son comúnmente denominadas entidades emisoras de certificados y que se engloban bajo las siglas CA. Luego como la misión del certificado digital es la de poder identificarse digitalmente en internet, será en última instancia la entidad certificadora la que tenga que garantizar la validez de la información contenida en el certificado.

Normalmente, los certificados emitidos por las entidades certificadoras tienen un periodo de validez (por ejemplo, 1 año, 2 años, etc.). Antes de que caduque el certificado es recomendable su actualización o renovación en la entidad certificadora competente.

Recuerde

Un certificado en un entorno virtual equivale al D.N.I. o al carnet de conducir.

Los certificados digitales permiten la criptografía haciendo uso de claves públicas. En el certificado se incluye la clave pública de la entidad que identifica digitalmente. Lo que hace el certificado internamente es coincidir una clave pública con un individuo determinado (mediante alguna característica como por ejemplo DNI) y la autenticidad de este certificado es garantizada por el emisor. El usuario sabe que el certificado es válido porque una entidad emisora de confianza ha emitido su certificado. Además, cuando la entidad certificadora emite un certificado digital incluye su clave privada como proceso de la firma del certificado.

Para que los certificados digitales que se usen sean útiles, estos tienen que estar estructurados de una forma comprensible, razonable y confiable. En el ejemplo del pasaporte casi todos tienen una estructura similar que permite entender rápidamente la información que contienen. Del mismo modo tiene que suceder en los certificados digitales.

Se dispone del estándar S/MIME que muestra los certificados digitales utilizados para S/MIME y que atienden al estándar X.509 de la ITU (Unión Internacional de Telecomunicaciones). Este estándar X.509 considera que los certificados digitales deben contener información normalizada. En concreto, para la versión 3 de X.509 se muestran los siguientes campos:

Campo	Descripción
Version Number	Corresponde a la versión del estándar X.509 en la que está implementado el certificado.
Serial Number	Corresponde a un número que identifica de manera única el certificado y que está emitido por la entidad emisora de certificados.
Certificate Algorithm Identifier	Corresponde al nombre o nombres de los algoritmos de claves públicas que la entidad emisora del certificado ha utilizado para firmar el certificado digitalmente.
Issuer Name	Corresponde a la identidad de la entidad emisora de certificados que emitió el certificado real.
Validity Period	Corresponde al tiempo durante el cual un certificado digital es válido. Contiene tanto una fecha de inicio como una fecha de fin o caducidad.
Subject Name	Corresponde al nombre del propietario del certificado digital.
Subject Public Key Information	Corresponde a la clave pública asociada al propietario del certificado digital y los algoritmos de claves públicas aplicados a la clave pública.
Issuer Unique Identifier	Corresponde a la información que se utiliza para identificar de manera única al emisor del certificado digital.
Subject Unique Identifier	Corresponde a la información que se utiliza para identificar de manera única al propietario del certificado digital.
Extensions	Corresponde a la información extra (normalmente corresponde al uso y tratamiento del certificado).
Certification Autthority's Digital Signature	Corresponde a la firma digital real que ha sido realizada con la clave privada de la entidad emisora utilizando el algoritmo especificado en Certificate Algorithm Identifiers.

El certificado digital es emitido en un soporte electrónico que al estar normalizado es posible utilizar en distintos dispositivos. No es necesario reducirlo solamente a un tipo de equipo específico.

6.5. Identificación y firma digital mediante certificados digitales

Cuando un remitente firma un mensaje también debe proporcionar la clave privada asociada a la clave pública que hay disponible en el certificado digital (el cual maneja las claves públicas). Por otro lado, cuando el destinatario está validando la firma digital de un mensaje, lo que en realidad hace es obtener del certificado digital del remitente la clave pública para realizar la operación. Se detallan los pasos:

- Captura del mensaje.
- Cálculo del valor *hash* del mensaje.
- Recuperación de la clave privada del remitente.
- Cifrado del valor *hash* con la clave privada del remitente.
- Anexión del valor de *hash* cifrado.
- Envío del mensaje.

 **Definición**

Hash

Funciones que se usan en el área de criptografía y se caracterizan por cumplir propiedades que las hacen perfectas para el uso en sistemas que confían en la criptografía como base de su seguridad.

A continuación se muestra de forma gráfica:

Pasos para firmar con certificado digital

| Se captura el cuerpo del mensaje | Se calcula el valor del *hash* del mensaje | Se recupera la clave privada del remitente | Se cifra el valor de *hash* con la clave privada del remitente | Se anexa el valor de *hash* cifrado | Se envía el mensaje |

Se describen los pasos para incorporar los elementos de los certificados digitales:

1. Recibir el mensaje.
2. Recuperar del mensaje la firma digital con el valor *hash* de cifrado.
3. Recuperar el mensaje.
4. Cálculo del *hash* del mensaje.
5. Recuperación de la clave pública del remitente que viene en el certificado digital.
6. Descifrar con la clave pública del remitente el valor *hash*.
7. Comparar el valor de *hash* descifrado con el valor obtenido en la recepción del mensaje.
8. Si los valores coinciden, el mensaje es válido.

Elementos de certificados digitales

| Se recibe el mensaje | Se recupera el valor de *hash* cifrado | Se recupera el cuerpo del mensaje | Se calcula el valor de *hash* del mensaje | Se recupera la clave pública del remitente |

| Se descifra con la clave pública del remitente el valor de *hash* cifrado | Se compara el valor de *hash* descifrado con el valor de *hash* calculado | Se valida el mensaje firmado |

También se pueden usar los certificados digitales para el cifrado de mensajes. Esto implica que las claves públicas estén disponibles. El proceso es el siguiente:

1. Capturar el mensaje.
2. Recuperar la clave pública del certificado digital del destinatario.
3. Generar la clave de sesión simétrica para un único uso.
4. Realizar la operación de cifrado mediante el uso de la clave de sesión.
5. Cifrar la clave de sesión mediante la clave pública del destinatario.

6. Se incluye la clave de sesión ya cifrada en el mensaje cifrado.
7. Se envía el mensaje.

Cifrado de mensajes

Se captura el cuerpo del mensaje	Se recupera la clave pública del destinatario	Se genera una clave de sesión de un único uso	Se descifra el cuerpo del mensaje con la clave de sesión

Se cifra la clave de sesión con la clave pública del destinatario	Se anexa la clave de sesión al mensaje cifrado	Se envía el mensaje

En el descifrado de mensajes se efectúan los siguientes pasos:

1. Recibir el mensaje.
2. Recuperar del mensaje el mensaje cifrado y la clave de sesión cifrada.
3. Recuperar la clave privada del destinatario del certificado digital.
4. Descifrar la clave de sesión mediante la clave privada del destinatario.
5. Descifrar el mensaje con la clave de sesión descifrada.
6. Devolver el mensaje sin cifrar al destinatario.

Descifrado de mensajes

Se recibe el mensaje	Se recuperan la clave de sesión y el cuerpo del mensaje cifrado	Se recupera la clave privada del destinatario	Se descifra la clave de sesión con la clave de privada del destinatario	Se descifra el cuerpo del mensaje con la clave de sesión descifrada	Se devuelve al destinatario el mensaje descifrado

El uso de firmas digitales y el cifrado de mensajes son medidas que prácticamente se complementan. A continuación se desarrolla el proceso para utilizar un certificado digital en las firmas digitales y en el cifrado de mensajes:

1. Capturar el mensaje.
2. Calcular el valor *hash* del mensaje.
3. Recuperar la clave privada del remitente del certificado digital.
4. Recuperar la clave pública del destinatario del certificado digital.
5. Cifrar el valor *hash* con la clave privada del remitente.
6. Este valor es anexionado al mensaje como una firma digital.
7. Se genera una clave de sesión simétrica para un único uso.
8. Cifrar el mensaje mediante el uso de la clave de sesión.
9. Cifrar la clave de sesión usando la clave pública del destinatario.
10. Añadir el cifrado de la clave de sesión al mensaje ya cifrado.
11. Enviar el mensaje.

Firma digital y cifrado de mensajes

| Se captura el cuerpo del mensaje | Se calcula el valor de *hash* del mensaje | Se recupera la clave privada del destinatario | Se recupera la clave pública del destinatario | Se cifra el valor de *hash* con la clave privada del remitente | Se anexa el valor de *hash* cifrado |

| Se genera una clave de sesión de un único uso | Se descifra el cuerpo del mensaje con la clave de sesión | Se cifra la clave de sesión con la clave pública del destinatario | Se anexa la clave de sesión al mensaje cifrado | Se envía el mensaje |

La secuencia de descifrado del mensaje se estructura en el siguiente orden:

1. Recibir el mensaje.
2. Recuperar el mensaje cifrado y la clave de sesión que está cifrada.
3. Recuperar la clave privada del destinatario del certificado digital.
4. Descifrar la clave de sesión usando para ello la clave privada del destinatario obtenida a partir del certificado digital del destinatario.

5. Descifrar el mensaje con la clave de sesión descifrada.

6. Recuperar la firma digital (que contiene el *hash* cifrado) del mensaje.

7. Calcular el valor *hash* del mensaje.

8. Recuperar la clave pública del remitente mediante el certificado digital.

9. Descifrar el valor *hash* mediante el uso de la clave pública del remitente.

10. Comparar el valor de *hash* descifrado con el obtenido en la recepción.

11. Si los valores coinciden el mensaje es válido y por lo tanto se entrega a su destinatario sin cifrar.

Descifrado de firma digital y mensajes

Se recibe el mensaje	Se recuperan la clave de sesión y el cuerpo del mensaje cifrado	Se recupera la clave privada del destinatario	Se descifra la clave de sesión con la clave privada del destinatario

Se descifra el cuerpo del mensaje con la clave de sesión descifrada	Se recupera el valor de *hash* cifrado	Se recupera el cuerpo del mensaje	Se calcula el valor de *hash* del mensaje	Se recupera la clave pública del remitente

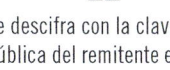

Se descifra con la clave pública del remitente el valor *hash* cifrado	Se compra el valor de *hash* descifrado con el valor de *hash* calculado	Se valida el mensaje firmado	Se devuelve al destinatario el cuerpo del mensaje descifrado

6.6. Cifrado de datos

El cifrado de datos consiste en la manipulación de la información para intentar conseguir los siguientes objetivos:

■ Confidencialidad.

■ Autentificación.

■ Integridad.

Los tipos de cifrado son:

- Cifrado simétrico.
- Cifrado asimétrico.
- Cifrado de claves públicas.
- Cifrado de claves privadas.
- Cifrado WEP.
- Cifrado WPA.
- Firma digital.

 **Recuerde**

Si además de utilizar protocolos seguros se procede a cifrar las comunicaciones de la aplicación o sitio web, se garantizarán medidas de seguridad de cara a posibles ataques o amenazas.

Cifrado simétrico

Algunos ejemplos de este cifrado son los siguientes algoritmos:

- RC5. Este algoritmo realiza operaciones, suma modular y desplazamiento de bits. Cifra en bloques de tamaño variable y los puede cifrar en bloques de texto de 32, 64 y 128 bits. El tamaño de la clave es de 128 bits y su número de vueltas va desde la 0 a la 255. Características:

  - Rapidez.
  - Arquitectura simple.
  - Poco consumo de memoria.
  - Alta seguridad.
  - Las rotaciones dependen de los datos.

- AES. Este es un estándar de encriptación avanzada y tiene un cifrado de 128, 192 y 256 bits de longitud de la clave. Como características destacan:

  - Se trabaja a nivel de byte.
  - Tiene sus propias operaciones aritméticas (suma exclusiva bit a bit y multiplicación).
  - Puede ser usado en procesadores de 8 bits y en CPU de 32 bits.

- BLOWFISH. Este algoritmo usa una clave variable la cual cifra bloques de texto de 64 bits. El tamaño de la clave varía entre los 32 a los 448 bits. Sus características principales son:

  - Es muy compacto, usa 5 kb de memoria.
  - Es ultra-rápido.
  - Es conceptualmente simple.
  - Proporciona seguridad en la longitud de la clave.

Cifrado asimétrico de claves públicas

Algunos ejemplos de este cifrado son los siguientes algoritmos:

- *Diffie-Hellman.* Este algoritmo es generalmente usado para acordar claves simétricas que serán empleadas para el cifrado de usa sesión. No es autenticado, pero tiene bases para usar protocolos autenticados.
- *RSA.* Este algoritmo asimétrico cifra bloques para los que utiliza una clave pública (que es distribuida en forma autenticada) y otra privada (la cual es mantenida en secreto por el propietario). Cuando se procede a enviar un mensaje el emisor debe buscar la clave pública de cifrado del receptor, cifrar su mensaje con dicha clave y una vez que el mensaje cifrado ha sido recibido por el receptor, este procede a descifrarlo usando para ello su clave privada. A continuación se muestran los pasos para codificar con un algoritmo RSA:

  - Fijar dos números primos aleatorios p y q cualesquiera.
  - Se realiza el siguiente cálculo: $n = p * q$.
  - Se realiza el siguiente cálculo: $\phi(n) = (p - 1) \cdot (q - 1)$.

- Se calcula e y d. Para ello se usa la fórmula e * d = 1mod[(p - 1) (q- 1)].
- Se obtiene la clave pública que la forman la pareja (n, e) y la clave privada formada por la pareja (n, d).
- Se codifica el alfabeto con en el cifrado César.
- Para cifrar bloques de M longitud se emplea la fórmula $C = M^e$ mod n.

Se muestra un cifrado del texto "Hola" mediante un cifrado de RSA:

1. Se fijan dos números primos aleatorios en los valores p y q. Para este caso se escoge p = 47 y q = 59 (aleatoriamente).
2. Se efectúa el cálculo: n = p * q. Para este caso en particular n = 47 * 59 = 2773 (n = 2773).
3. Se realiza el siguiente cálculo: ϕ(n) = (p - 1)·(q - 1). En este caso se obtendría ϕ(n) = (47 - 1)(59 - 1) = 46 * 58 = 2668 (ϕ(n) = 2668).
4. Se calcula e y d. Para ello se usa la fórmula e * d = 1mod[(p - 1)(q - 1)]. Queda fijando d = 157 que e = 17.
5. Se obtiene la clave pública formada por la pareja (n, e) y la clave privada formada por la pareja (n, d). Para este caso en concreto se quedaría la clave pública con (2773,17) y la clave privada con (2773,157).
6. A continuación se asocia a cada carácter del alfabeto un valor número y entonces se procede a cifrar el mensaje "m" por bloques de la misma longitud llamada "M". El valor número tiene que estar delimitado entre (1...n). Para cifrar cada uno de los bloques M se usa la fórmula: $C = M^e$ mod n. Para descifrar C y obtener el mensaje m se utiliza la clave privada d mediante la siguiente fórmula: $M = C^d$ mod n. Ahora se codifica el alfabeto de la siguiente forma:

- Espacio_en_blanco = 00.
- a = 01.
- b = 02.
- c = 03.
- d = 04.
- e = 05.
- f = 06.
- g = 07.
- h = 08.

- i = 09.
- j = 10.
- …

El mensaje que se envía es "Hola" y se tiene que romper en paquetes a codificar de dos, de tal forma que queda un mensaje formado por m = M0 M1 y en concreto M0 = "Ho" y M1 = "la". Se calcula en mensaje de salida C que estará compuesto de C0 y C1, en concreto ahora se pasa de "Ho" y "la" a la codificación anterior, con lo cual se tendría que C0 = 0816 (08 = 'h' y 16 = 'o') y que C1 = 1201 (12 = 'l' y 01 = 'a'). A C0 se calcula mediante C0 = M03 = (0816)17 mod (2773) = 2293 y si se calcula a M1 = (1201)17 mod (2773) = 2526. Luego el mensaje que se envía C = C0 C1 quedaría de la siguiente forma C = 2293 2526.

7. Para descifrar el mensaje se usa M0 = C0157 (mod 2773) = 2293157 mod 2773 = 816.
8. Se realiza el paso anterior para M1 = C1.157 (mod 2773) = 2526157 mod 2773 = 1201.
9. Se procede a juntar C = C0 C1 → C = 0816 1201.
10. Se procede a descodificar según la codificación anterior del alfabeto y se obtiene que 08 = 'h', 16 = 'o', 12 = 'l', 01 = 'a'.

Actividades

25. Realice un cifrado del texto "Hola que tal" mediante la especificación RSA. Como consejo utilice p y q igual que en el desarrollo anterior y así se tiene codificado el par "ho" – "la".
26. Realice un decodificado con p = 47 y q = 59 del texto ya codificado y enviado "0948 2342 1444 2663".
27. Efectúe los mismos pasos del ejercicio 13 pero para el siguiente texto recibido y codificado "2390 0778 0774 0219 1655".
28. Indique qué mensaje obtiene si une el mensaje de la actividad 13 más el mensaje de la actividad 14.
29. Implemente un servicio web al cual se le pasen dos números primos p y q y un texto a cifrar. Dicho servicio web debe mostrar el mensaje cifrado a enviar.
30. Ejecute el paso inverso de la actividad 25. Tendrá el texto cifrado y deberá descifrarlo.

Cifrado asimétrico de claves privadas

Algunos ejemplos de este cifrado son los siguientes algoritmos:

- *DSA*. Algoritmo de firma digital estándar del gobierno de EEUU para las firmas digitales. Este algoritmo es usado para firmar y no para cifrar la información y su principal desventaja es que su tiempo de cómputo es muy superior a RSA.
- *IDEA*. Este algoritmo maneja bloques de texto de 64 bits. Siempre usa 64 bits valiéndose de operaciones tales como la XOR, suma, multiplicación de enteros, etc. para obtener esa cantidad. Es de libre difusión sin restricciones asociadas.

Cifrado WEP

Es un tipo de cifrado usado junto con el protocolo de conexión *Wifi 802.11* el cual se encarga de cifrar la información que se va a transmitir entre dos puntos de forma que solo sea posible tener acceso a la información e interpretarla en los puntos que tengan la misma clave. Esta clave puede ser de tres tipos:

- Clave de 64 bits. Usa 5 caracteres o 10 dígitos hexadecimales.
- Clave de 128 bits. Usa 13 caracteres o 26 dígitos hexadecimales.
- Clave de 256 bits. Usa 29 caracteres o 58 dígitos hexadecimales.

 Sabía que...

Mientras más bits se usen para una clave más se dificulta a los posibles atacantes romper esta clave.

Cifrado WPA

Este tipo de encriptación suele estar basada en servidores de autentificación en la que es el propio servidor de autentificación el encargado de distribuir las diferentes claves entre los usuarios. Este tipo de encriptación suele ser empleada por conexiones que requieren autentificación (proveedores de internet). También existe otra variante de *WPA* llamada *WPA-PSK*.

 Actividades

31. Realice un esquema conceptual de los principales tipos de cifrado de datos.
32. Localice las características principales del cifrado WPA-PSK y su modo básico de funcionamiento.

7. Directorio de servicios

Las arquitecturas distribuidas constan de objetos que son referenciados con un determinado nombre. Muchos de estos procesos de etiquetado (dar nombre) de objetos son ampliados mediante un servicio de directorio, por ejemplo, se puede imaginar una guía de teléfonos en la que se consulte un teléfono a través de la población y del primer apellido. Si se traslada este ejemplo al mundo de las arquitecturas distribuidas se tiene que apuntar que es mucho más potente por las siguientes características:

- Debe estar siempre en línea para poder ser consultado.
- Debe usarse para almacenar la mayor cantidad posible de información.
- Debe permitir el uso de esa aplicación por parte de usuarios, otros programas o incluso otros ordenadores.

7.1. Concepto de directorio

El directorio de servicio se utiliza para hacer referencia a:

- La información contenida.
- El conjunto formado por el *hardware* y *software* que gestiona dicha información.
- Las aplicaciones Cliente/Servidor que utilizan dicha información.

Luego se puede afirmar que el servicio de directorio es un conjunto complejo de componentes que trabajan cooperando entre ellos para dar o realizar un determinado servicio.

 **Recuerde**

Un servicio de directorio es constantemente consultado por clientes o aplicaciones con lo cual no puede dejar de estar online. Se debería poder ser replicado ante posibles imprevistos en el sistema.

Características básicas de un directorio de servicios

Los directorios van a permitir localizar la información. Obviamente esta información tiene que estar almacenada de un modo específico (organización de la información) para que no se pierda mucho tiempo en poder acceder a ella.

Un directorio se puede ver como una base de datos especializada y distribuida, pero obviamente diferirá de esta en:

- **Lecturas y escrituras de datos o información.** Normalmente las bases de datos realizan una gran cantidad de lecturas para facilitar información (raramente se realizan modificaciones o escrituras de actualización). Sin embargo, en los directorios de servicios las optimizaciones no se centran en las lecturas y escrituras como en las bases de datos, sino en las búsquedas y lecturas, desfavoreciendo así a las modificaciones.

- **Extensibilidad.** Hace referencia a qué tipo de información se puede almacenar en el directorio, qué reglas debe cumplir la información para poder ser almacenada y cómo se realizan las búsquedas de esa información para poder localizarla en el directorio. La ventaja de los directorios de servicios frente a las bases de datos radica en que en los primeros se puede modificar el esquema para cubrir necesidades que vayan surgiendo mientras que en los segundos no es posible hacer esto.

- **Distribución de los datos.** Normalmente las bases de datos no suelen estar distribuidas, aunque pudiera ser el caso. Una base de datos distribuida va a constar de una tabla en un servidor y otra en otro servidor (se conoce como fragmentación vertical) y unos protocolos o estándares complejos para poder distribuir la información (este último punto es lo que complica el uso de base de datos distribuidas). Sin embargo, los directorios de servicios permitirán que los datos relativos a una entidad sean almacenados en un servidor controlado por dicha entidad (fragmentación horizontal frente a la vertical de las bases de datos distribuidas). Mediante esto se obtiene una mayor potencia y optimización en las simplificaciones, búsquedas y consultas.

- **Replicación de los datos.** Si se está en una base de datos distribuida se puede preparar para usar una réplica de los datos, eso sí, en un número reducido de servidores dado que se debe asegurar la consistencia y el sincronismo de los datos (hacerlo todo al mismo tiempo en todos los servidores). En el caso del directorio de servicios se tendrán que aceptar ciertas inconsistencias temporales, haciendo uso en esos casos del servidor replicado. Además se puede mejorar el rendimiento haciendo réplicas cercanas a los usuarios que acceden (se optimiza el acceso al directorio). Se tiene que anotar que si un directorio de servicio es usado por varias aplicaciones para autentificar, controlar, o gestionar implica una menor fiabilidad del mismo.

- **Rendimiento.** Está claro que el rendimiento de una base de datos permite hasta cientos de transacciones por segundo, mientras que para un directorio de servicios debe permitir miles de consultas por segundo. Esto último es así debido a que un directorio de servicios forma parte de muchas aplicaciones y por lo tanto deberá responder a muchas consultas que estas aplicaciones efectuarán a este directorio de servicios.

■ **Estándares.** Normalmente las bases de datos suelen usar variantes del estándar de SQL (lenguaje de consulta estructurado) y normalmente no se producen intercambios de información entre dos bases de datos de distintos fabricantes. Sin embargo, en el directorio de servicios al ser este accedido desde múltiples aplicaciones el cumplimiento implícito de un estándar es un requisito indispensable. Gracias a esto el administrador del recurso no está sometido solo a un fabricante, puede cambiar su proveedor cuando lo desee sin que esto afecte al *software* de los clientes.

Recuerde

Replicar los datos es una técnica que tiene que ser muy habitual en un sistema, ya que es totalmente inadecuado no tener datos con los que operar en caso de que se caiga el recurso que los contiene.

Finalidad de uso de un directorio de servicios

Una vez definido un directorio de servicios es necesario saber cómo usarlo:

■ **Encontrar información.** Una de las características principales de cualquier directorio es la de poder buscar información, por ejemplo, en una guía de teléfonos buscar el teléfono en el cual los abonados se encuentran ordenados alfabéticamente por población y por primer apellido. La mayor ventaja de los directorios de servicios es que van a poder almacenar una gran cantidad de información ocupando el mínimo espacio. Además no se está por uno o dos campos clave, en este caso, y suponiendo que la guía de teléfonos fuera un servicio de directorio, se podría buscar además por nombre, apellidos, dirección, teléfono, etc., en definitiva, por cualquier dato que estuviera presente en la información de partida. A la hora de encontrar información se tienen que distinguir dos conceptos de búsqueda importantes:

- La propia operación de búsqueda. Como ejemplo, una guía de tiendas para saber dónde se encuentra la tienda de "Informática X" en una determinada ciudad.
- La operación de hojear. Quizás, en vez de buscar una tienda en particular en una determinada población interesa conocer todas las tiendas de informática disponibles para una población y elegir la que se quiera.

- **Gestionar información.** No solo basta con las operaciones de guardar o almacenar información en un directorio de servicio, además se deberá garantizar que todas las aplicaciones pueden hacer uso del mismo directorio de servicios. Si normalmente se tiene un solo servidor web, este se asociará a una base de datos (dado que el coste de mantenerlo distribuido no merecería la pena), pero si se tiene más de un servidor lo ideal sería plantear la programación distribuida.
- **Aplicaciones de seguridad.** El directorio de servicio es un soporte bastante óptimo para la gestión de certificados electrónicos resolviendo tres problemas importantes:

  - Creación: permite agregar el certificado a los datos contenidos en el servidor.
  - Distribución: mediante el protocolo adecuado se pueden tener accesibles dichos certificados.
  - Eliminación: con un simple borrado se destruye el certificado del servidor.

 ## Recuerde

Los directorios de servicio también pueden hacer uso de los certificados digitales electrónicos.

Comparativas de un directorio de servicios

Como ya se ha comentado qué es un directorio de servicios, cuáles son sus ventajas e inconvenientes y sus principales características, se comparará a continuación con los siguientes programas/servicios.

Sistemas de ficheros

Los sistemas de ficheros contienen todo tipo de archivos (desde los que ocupan apenas unos bytes hasta otros de varios gigabytes) con la característica de que se puede posicionar sobre ellos para posteriormente acceder a su contenido. En un punto opuesto se encuentra el directorio de servicios que, como mucho, dejará acceder a los atributos de los archivos que contenga, pero no se podrá acceder a los ficheros en sí.

 Sabía que...

DNS nació de la necesidad de recordar de forma simple los nombres de todos los servidores conectados a internet.

Bases de datos

Se puede fácilmente confundir el concepto de directorio de servicio con el concepto de base de datos. Quizás conceptualmente puedan parecerse pero un directorio de servicios se distancia de una base de datos relacional en muchos aspectos. El más importante, ya comentado anteriormente, está relacionado con el acceso (búsquedas o lecturas de información). Algunas de las características de los directorios de servicios son las siguientes:

- Son optimizados para accesos de lectura o búsqueda.
- Son optimizados para almacenar información estática (la información que cambia con mucha frecuencia no es muy recomendable).
- Los directorios no aceptan las transacciones (operaciones de base de datos que permiten la ejecución de una operación compleja).
- Las bases de datos usan SQL. Los directorios usan un protocolo simplificado y optimizado normalmente enfocado al diseño de aplicaciones más simples, pequeñas y manejables.

Web

Actualmente existen miles de aplicaciones desarrolladas en este protocolo. Como característica principal destaca que la web no tiene las capacidades de búsqueda que ofrece el directorio de servicios. Además, cuando se trabaja con la web y se quieren hacer accesibles datos a los usuarios se utiliza como elemento auxiliar a la base de datos. Sin embargo, para compartir la información entre aplicaciones o usuarios de gran tamaño lo mejor es el directorio de servicios.

DNS

Sistema de Nombres de Dominio o DNS *(Domain Name System)* es un sistema que asocia información variada con nombres de dominios para ordenadores, servicios o cualquier recurso que pueda conectarse a la red (bien internet o intranet).

Su función más importante es la de traducir nombres no legibles para las personas en identificadores asociados a los equipos conectados en la red con el objeto de localizar y direccionar estos equipos.

Un servidor DNS usa una base de datos distribuida y jerárquica que almacena la información asociada a los nombres del dominio.

? Sabía que...

Contenido, organización, seguridad del servicio y configuración son elementos que deben ser totalmente flexibles dentro del directorio de servicios.

Se parece al directorio de servicios en que ambos proporcionan acceso a una base de datos jerárquica, pero difieren en aspectos como:

■ El servicio DNS está optimizado para traducir nombres a direcciones IP, mientras que el directorio de servicios se optimiza de forma más general (búsquedas, duplicación de recursos, caminos o accesos a recursos, etc.).

■ La información se almacena en el servicio DNS con una estructura fija frente al directorio de servicios que normalmente es permisivo en la estructura.

■ El servicio DNS no admite actualizaciones frente al directorio de servicios que sí las admite.

■ El servicio DNS trabaja con protocolos no orientados a la conexión, mientras que el directorio de servicios suele implementar protocolos orientados a la conexión.

Integración con otros servicios

1. El directorio de servicios es clave para desarrollar nuevos servicios basados en cooperación entre distintas aplicaciones o usuarios:

2. El directorio de servicio actúa como servidor de autentificación, proporciona el servicio de contraseña única.

3. Se usa el directorio de servicio como un almacén para guardar la información que se debe compartir.

4. El directorio de servicio proporciona un protocolo para gestionar toda la información contenida en él.

7.2. Ventajas e inconvenientes

Una de las principales desventajas de los directorios se localiza en que estos son estáticos, es decir, la información que contienen no es actualizada. Ejemplo: la guía telefónica nunca se actualiza, sino que se van sacando nuevas ediciones impresas con los nuevos abonados o las rectificaciones oportunas (si se han producido errores en la edición anterior).

Sin embargo, si se piensa en la programación de un medio como la radio o la televisión, seguramente esta será actualizada semanalmente con sus contenidos y programas para el caso de la radio y diariamente para el caso de la televisión. En este supuesto se muestra un claro ejemplo de actualización o dinamismo.

Es en esto último en lo que se va a apoyar el directorio de servicios, o sea, en que pueda ser consultado en tiempo real con una fiabilidad máxima posible (que no se tengan errores o fallos en la información suministrada).

Además, se debe de dar cierta flexibilidad en los directorios de servicios. Esta flexibilidad se logra a través de cuatro conceptos:

- **Contenido.** Los datos que se guardan o almacenan en el directorio de servicios puede ser cualquier tipo de información que se almacene bajo un determinado fichero. Esto trae como ventaja la sencillez de almacenar información sin muchos problemas y de poder modificarla rápidamente en un momento dado. Precisamente esta parte es una de las más costosas.
- **Organización.** Dependiendo de cómo se organice así será la búsqueda de datos. Por ejemplo, buscar un número de teléfono en una guía puede ser una búsqueda que haga perder una cantidad enorme de tiempo. La ventaja de los directorios de servicios es que la organización de la información permite localizarla de diferentes formas (incluso se puede localizar mediante búsquedas, algo que sería imposible en un directorio normal).
- **Seguridad del servicio.** En la guía de teléfonos se tiene la desventaja de que no se puede controlar quien accede a ella. Cualquier persona física puede tener acceso al contenido de la información de la guía. Los datos de un abonado son accesibles por cualquier persona que tenga el

directorio (guía de teléfonos). Obviamente, si no se tiene el directorio no puede acceder a los datos de un abonado. Sin embargo, en un directorio de servicios se podrá controlar el acceso a los datos en función a unos determinados filtros o criterios, aunque muchas veces con estos filtros no se garantiza al 100 % la seguridad.

■ **Configuración.** Si se piensa en la guía de teléfonos o en la programación semanal de una radio no se podrán configurar dichos datos, es decir, son entregados bajo un determinado formato y con unas referencias y tamaño específicos. Lo ideal sería que en el directorio de servicios se permitiera la configuración de los datos que se muestran a los usuarios o las aplicaciones que los solicitan. Un ejemplo se puede ver en un cliente de un banco. Este solo podrá consultar su cuenta corriente y en ningún caso la de otro cliente; sin embargo, el gestor del banco sí puede consultar, en un momento puntual, las cuentas de sus clientes.

Hay que entender el directorio de servicios como una entidad que suministra información a los usuarios o aplicaciones en función de una determinada petición y que además controla el acceso a dicha información (quien sí y quien no puede tener acceso).

 **Recuerde**

Si no se publica en UDDI es imposible que los servicios puedan ser utilizados por los clientes o por otras aplicaciones.

7.3. Directorios distribuidos

Los directorios de servicios pueden estar centralizados o distribuidos. En el caso de que se esté ante un directorio de servicios centralizado se estará en la situación de que un único servidor de todo el directorio de servicio responde a todas las consultas de los clientes.

Por el contrario, si se está ante un directorio de servicios distribuido varios servidores proporcionarán o constituirán el directorio de servicios. Esto último lleva implícito que los datos pueden estar fraccionados (en este caso cada directorio de servicio almacena un subconjunto único y no solapado de la información, una entrada es almacenada en un solo servidor) y replicados (una entrada puede estar almacenada en varios servidores).

Lo normal es que un directorio de servicios distribuido tenga parte de la información fraccionada y parte replicada.

7.4. Estándares sobre directorios de servicios: UDDI

UDDI *(Universal Description, Discovery and Integration)* es un servicio de descripción universal, descubrimiento e integración que proporciona un mecanismo estándar para registrar y encontrar servicios web.

Una vez definido el servicio web se necesita darlo a conocer a la comunidad para que sepan de su existencia. UDDI se va a encargar de ello: una vez que los servicios han sido descritos, estas descripciones deben entregarse o ponerse al alcance de los interesados en utilizarlas. El servicio de descubrimiento es un proceso para localizar a los proveedores de servicio y recuperar documentos de descripción de servicio que se han publicado en el registro de servicio.

Existen dos tipos de servicio de descubrimiento:

- Estático: se produce en tiempo de diseño de aplicaciones y realizado por un diseñador especializado.
- Dinámico: se produce en tiempo de ejecución y es necesario estandarizar el registro de servicio web. Esa normalización se realiza mediante proyecto UDDI.

Recuerde

Si no se publica en UDDI es imposible que los servicios puedan ser utilizados por los clientes o por otras aplicaciones.

UDDI es una iniciativa de la industria para intentar crear un estándar abierto, independiente de la plataforma y con tres objetivos básicos:

- Publicar.
- Descubrir.
- Integrar servicios comerciales.

Luego se usa UDDI para proporcionar un mecanismo que permita registrar y categorizar los servicios web que se tienen a disposición de los usuarios y de las aplicaciones para ser localizados. UDDI puede usar mensajes SOAP para este fin.

Tal y como se ha comentado, UDDI funciona a base de registros que contienen información sobre los usuarios y servicios que ofrecen. La forma que tiene UDDI de organizar la información en estos registros se muestra a continuación:

- **Entidad de negocio.** Contiene información sobre el negocio. Incluye su nombre, una descripción breve e información básica sobre como contactar. A cada negocio se le asocia un identificador único junto a una lista de categorías que describen el negocio al que se asocian. A partir de la versión 2.0 de UDDI se pueden añadir nuevas categorías.
- **Servicio de negocio.** Asociada a la entidad de negocio se tiene una lista de servicios que son soportados (ofrecidos) por la entidad. Cada servicio ofertado o soportado contiene:

  - Descripción del servicio ofertado.
  - Lista con las categorías asociadas.

■ Lista de patrones de enlace (contienen la información técnica del servicio en sí).

 Sabía que...

Se resume UDDI diciendo que se encarga fundamentalmente de descubrir e integrar servicios a terceros para que puedan ser descubiertos.

Patrones de enlace

Estos van a proporcionar información sobre cómo usar el servicio y dónde se puede localizar. El patrón de enlace va a ser el encargado de fusionar el servicio de negocio con un tipo de servicio.

Tipo de servicio

Sirve para definir de forma abstracta a un servicio a través de la estructura llamada *tModel*. Hay que anotar que el mismo servicio puede ser ofrecido por varias entidades de negocio, con lo cual tendrán la misma interfaz para dicho servicio. Una estructura *tModel* almacena la siguiente información:

1. Nombre del *tModel*.
2. Nombre de la organización que publica el *tModel*.
3. Lista de categorías que describen el *tModel*.
4. Punteros a las especificaciones técnicas del *tModel*.

Funcionamiento de UDDI

Su funcionamiento es bastante fácil. Cuando se necesita usar un servicio web el desarrollador hace una búsqueda en el registro UDDI especificando el tipo de servicio que desea encontrar. A continuación UDDI facilitará una descripción WSDL que describe la interfaz del servicio para el tipo de servicio del *tModel.* De esta descripción del patrón de enlace se puede obtener el enlace al servicio y su punto de acceso. Finalmente se usa la descripción WSDL para construir una interfaz que se pueda comunicar con el servicio web.

Este enlace puede realizarse de dos formas:

- **Estáticamente.** Se usa el enlace del documento WSDL y se genera una interfaz de cliente SOAP o un proxy que da acceso al enlace requerido para poder comunicarse con una implementación de servicio. Este delegado ya está creado y solamente se tendría que incluir en la aplicación de cliente. El punto de acceso, por motivos de seguridad, se indica en tiempo de ejecución.
- **Dinámicamente.** El documento WSDL puede interpretarse como un programa que puede usar un enlace dinámico. Se genera la interfaz abstracta de cliente SOAP. En tiempo de ejecución la aplicación cliente acudirá al documento WSDL para obtener el enlace en concreto y generar un delegado dinámico que implemente el enlace. Esto último se conoce por el nombre de *"dynamic binding"*.

 Actividades

33. Realice un mapa conceptual lo más simple posible sobre el estándar de directorios UDDI.
34. Realice consultas en la web sobre la arquitectura tModel.
35. Busque información sobre los servicios web que brinda <htpp://www.google.es>.
36. Realice la misma operación con los servicios web de <http://www.amazon.com>.
37. Consulte los servicios web disponibles para Google Maps.
38. Realice la misma operación para Google Earth. Compare la información obtenida con la que ofrece Google Maps.

8. Resumen

Un sistema distribuido se define como un conjunto de ordenadores separados físicamente y conectados entre sí por una determinada red de comunicaciones. Cada ordenador posee sus propios componentes *hardware* y *software*, aunque el usuario lo ve como un solo sistema (al fin y al cabo no necesita saber donde se ubica cada entidad o recurso de dicho sistema distribuido, sino usarlo y que funcione adecuadamente en el momento justo).

En la historia de la informática han aparecido los siguientes sistemas:

- Sistemas por lotes.
- Sistemas centralizados de tiempo compartido.
- Sistemas de teleproceso (red telefónica).
- Sistemas personales (PC).
- Sistemas en red: Cliente/Servidor, protocolos.
- Sistemas distribuidos.

Sin embargo, cuando se piensa en un sistema distribuido se tiene que tener en cuenta una serie de ventajas y desventajas.

Como ventajas destacan:

- Bajo coste: se puede implementar con PC normales.
- Escalabilidad.
- Flexibilidad.
- Disponibilidad.
- Paralelismo.
- Acceso a recursos remotos.
- Transparencia.
- Eficiencia.

Como desventajas cabe citar:

- Mantenimiento costoso.
- Distribución inadecuada de recursos: mala gestión.
- Gestión de seguridades.
- Red de interconexión que no depende del desarrollador.

Ejercicios de repaso y autoevaluación

1. **Indique si las siguientes afirmaciones son verdaderas o falsas.**

    a. Los sistemas distribuidos tienen que ser bastantes fiables.

        ☐ Verdadero
        ☐ Falso

    b. Por sistema distribuido se entiende un ordenador conectado a la red.

        ☐ Verdadero
        ☐ Falso

    c. Normalmente el usuario conoce que está accediendo a un sistema distribuido.

        ☐ Verdadero
        ☐ Falso

2. **Nombre las cuatro características que debe cumplir un sistema distribuido.**

    _____
    _____
    _____
    _____

3. **Cuando se dice que "ni el usuario ni la aplicación tienen que conocer al recurso ni en qué nodo del sistema distribuido se encuentra el recurso" se habla del concepto de...**

    a. ... paralelismo.
    b. ... identificación.
    c. ... réplicas o cantidades de recursos.
    d. ... ubicación física de recursos.

4. **Complete los espacios libres de la siguiente frase.**

Cuando se habla de _____ se hace referencia a la capacidad que tiene que tener el sistema _____ para realizar las tareas en todo momento correctamente, objetivo con el que ha sido diseñado.

5. **Nombre los objetivos que deben tener los sistemas distribuidos.**

_____
_____
_____
_____

6. **Indique si las siguientes afirmaciones son verdaderas o falsas:**

   a. La escalabilidad es una desventaja de los sistemas distribuidos.

      ☐ Verdadero
      ☐ Falso

   b. Una ventaja de los sistemas distribuidos es la gestión de seguridades.

      ☐ Verdadero
      ☐ Falso

7. **Cuando se afirma que "ni el usuario ni las aplicaciones tienen por qué saber que están frente a un sistema distribuido" se habla del concepto de...**

   a. ... fiabilidad y tolerancia a fallos.
   b. ... transparencia.
   c. ... escalabilidad.
   d. ... consistencia.

8. Si un recurso de un sistema distribuido intenta ser accedido al mismo tiempo por varias aplicaciones no tiene que haber efecto alguno sobre dicho recurso. Esta afirmación se refiere al concepto de...

    a. ... paralelismo.
    b. ... ubicación física de recursos.
    c. ... compartición de recursos.
    d. ... rendimiento.

9. Complete los espacios libres de la siguiente frase:

La _____ a fallos es cuando se produce un fallo, tener la capacidad de seguir _____ correctamente _____ o enmascarando dicho fallo. De hecho la tolerancia a fallos implica dos factores: _____ _____ el fallo y _____ con el servicio dado.

10. Cuando se dice que "los recursos de un sistema distribuido están libremente distribuidos" se está hablando del concepto o característica de...

    a. ... ubicuidad.
    b. ... alto rendimiento.
    c. ... alta disponibilidad.
    d. ... tolerancia a fallos.

11. La autoridad de certificación...

    a. ... es la encargada de firmar las claves públicas.
    b. ... verifica el tipo de algoritmo que se va a usar para el cifrado del mensaje.
    c. ... no hace verificaciones, simplemente emite certificados a quien los pida.
    d. ... verifica la identidad del solicitante de un certificado antes de su expedición.

12. En los criptosistemas asimétricos se tiene...

    a. ... 1 clave privada.
    b. ... 1 clave pública.
    c. ... 2 claves, una privada y otra pública.
    d. ... en este tipo de criptosistemas no se usan claves.

13. Los cuatro principios básicos de seguridad informática son:

_____

_____

_____

_____

14. REST...

    a. ... es una operación sobre recursos disponible en SOA.

    b. ... es una arquitectura de técnicas _software_ para sistemas distribuidos.

    c. ... forma parte del encabezado de un mensaje SOAP.

    d. ... es un símbolo perteneciente al lenguaje XML.

15. Nombre al menos cuatro de los estándares más comunes en los servicios web:

_____

_____

_____

_____

_____

_____

Capítulo 2

Programación de servicios web en entornos distribuidos

Contenido

1. Introducción

Cuando se crea un servicio web se hace bajo una determinada aplicación. Dependiendo de la aplicación que se elija se tendrán unas determinadas características del *framework* (entorno de trabajo).

Siempre que se trabaje con servicios web se realizan dos funciones fundamentales:

- Creación de un servicio web. Cuando se desarrolla un servicio web se está desarrollando una aplicación que da la funcionalidad del servicio web a los clientes que consumen por XML.
- Acceso a un servicio web. Si se tiene acceso a un servicio web, se tiene acceso a sus referencias y funcionalidades. Será muy positivo que este servicio web sea independiente (dado que implica que puede ser usado desde cualquier plataforma con independencia del código que se use).

2. Componentes software para el acceso a servicios distribuidos

Los componentes *software* que se necesitan para la creación de un servicio web distribuido son:

- **Presentación.** Este componente es el que maneja el usuario final y lleva a cabo el procesamiento de los datos y su devolución hacia el servidor. Es la aplicación que el usuario maneja y en la que introduce los datos. En esta fase se intenta realizar una aplicación de usuario lo más sencilla posible.
- **Lógica de aplicación.** Este componente va a ser el encargado de procesar la información que el usuario introduce en la aplicación o componente anterior.
- **Base de datos.** Este componente está compuesto por los archivos que contienen los datos de la aplicación que el usuario maneja y sobre la cual hace operaciones para obtener determinados resultados. También es conocido con el nombre de repositorio de datos.

2.1. Arquitectura cliente/servidor

Se tiene que hacer mención a la arquitectura cliente/servidor (sistema donde el cliente es una máquina que solicita un determinado servicio al servidor que es la máquina que lo proporciona). Un servicio puede ser un determinado programa o el acceso a determinados datos y a sus diferentes arquitecturas.

Arquitectura cliente/servidor de dos capas

Solo aparecen los componentes o capas de presentación y lógica de la aplicación. Normalmente se usa esta arquitectura cuando se produzcan los siguientes escenarios:

- Poco requerimiento de datos.
- Base de datos centralizada en un solo servidor.
- Base de datos estática.
- Mínimo mantenimiento del sistema.

Arquitectura de dos capas

Arquitectura cliente/servidor de tres capas

Dentro de esta arquitectura se encuentra la capa de presentación, la capa de lógica de la aplicación y otra capa de base de datos. Normalmente se implementa en alguno de los siguientes escenarios:

- Mucho procesamiento de datos en la aplicación.
- En aplicaciones donde la funcionalidad esté cambiando constantemente.

- Cuando los procesos no estén fuertemente relacionados con los datos.
- Cuando se necesite aislar la tecnología de la base de datos para que su mantenimiento (tanto de base de datos como de tecnología) sea fácil de manipular.
- Cuando se necesite separar código del cliente para facilitar su mantenimiento.
- Cuando se use POO (Programación Orientada a Objetos).

Arquitectura de tres capas

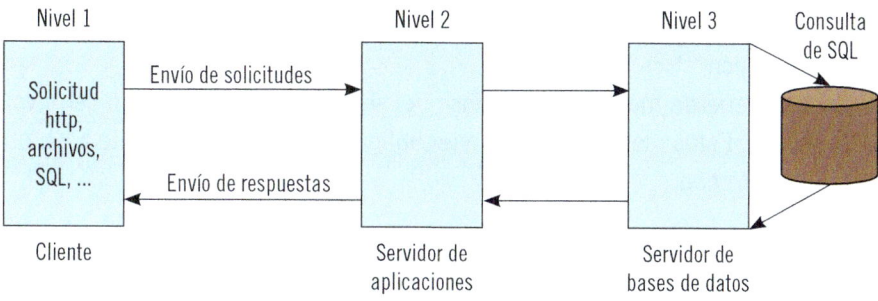

 Aplicación práctica

Usted pertenece al departamento de programación de una empresa y tiene que montar un videoclub virtual. Justifique con qué modelo de capas llevaría a cabo el proyecto.

SOLUCIÓN

El videoclub virtual tendrá usuarios que se registrarán (previo pago o no) para poder alquilar películas (que estarán disponibles). Dado que el volumen de usuarios puede ser elevado, el nivel de archivos de películas también será alto, pero además se debe conservar información de los alquileres. Todo esto obliga a crear, como mínimo, una base de datos y lo ideal sería apostar por el modelo de dos capas, sobre todo si se busca seguridad en los datos (que es el caso).

2.2. Definición de servicios

Para la definición de servicios web se usará *Visual Studio*. En dicha plataforma se utiliza C# como lenguaje de programación. Pero antes se debe conocer cómo está compuesto un servicio web con .Net:

- Un fichero "*.asmx" que es la URL en la que los clientes realizan las peticiones.
- Una clase del servicio web que contiene la funcionalidad de la que pueden hacer uso los clientes para sus peticiones. Esta clase se localiza dentro del fichero "*.asmx" o bien en un fichero independiente bajo la extensión "*.cs".
- Una serie de métodos de la clase del servicio web que pueden ser invocados. Estos métodos deben tener obligatoriamente el siguiente atributo *WebMethod*.

Es el propio programa *Visual Studio* (ASP .NET) el encargado de generar el documento WSDL y los mensajes SOAP. A continuación se muestra un ejemplo de servicio web implementado en un fichero "*.asmx" y cuya funcionalidad va a ser la de dar la bienvenida a un usuario:

```
<% WebService Language="C#" Class="Ejemplo" %>

using System;
using System.Web;
using System.Web.Services;

public class Ejemplo:: WebService
{
        [WebMethod]
        public string Saludo(string nombre)
        {
```

Continúa en página siguiente >>

<< Viene de página anterior

```
                return "Hola" + nombre;
            }
        }
```

 Aplicación práctica

Implemente un servicio web que contenga dos métodos:

▎ Uno que devuelva "Hola" + "Nombre" con nombre pasado por parámetro.
▎ Otro que devuelva la hora y fecha actuales.

SOLUCIÓN

El código modificado quedaría de la siguiente forma:

```
<% WebService Language="C#" Class="Ejemplo" %>

using System;
using System.Web;
using System.Web.Services;

public class Ejemplo:: WebService
{
    [WebMethod]
    public string Saludos_con_hora(string nombre)
    {
```

Continúa en página siguiente >>

<< Viene de página anterior

```
                return "Hola" + nombre;
        }
        [WebMethod]
        public string FeHo()
        {
                DateTime fecha_hora = new DateTime();
                return fecha_hora.Date.ToString();
        }
    }
```

En la primera línea de código se puede observar que se trata de un servicio web programado en C# y que se llama "Ejemplo". A la hora de proceder a documentar un servicio web se debe tener en cuenta:

Los servicios web son autodescriptivos. ASP .NET genera automáticamente el documento WSDL.

- Dicha documentación automática generada carece de semántica (hay que proporcionarla a través de la documentación).
- Para documentar correctamente los servicios web se deben añadir descripciones a la clase y a los métodos web.

 Importante

Si delante del método que se está programando no se pone la palabra WebMethod, dicho método no será considerado como un método de un servicio web, sino como un método perteneciente a una clase normal y corriente.

Se muestra cómo quedaría el ejemplo anterior:

```
<% WebService Language="C#" Class="Ejemplo" %>

using System;
using System.Web;
using System.Web.Services;

[WebService(Description="Saludo de Bienvenida")]
public class Ejemplo:: WebService
{
        [WebMethod(Description="Devuelve un saludo)]
        public string Saludo(string nombre)
        {
            return "Hola" + nombre;
        }
}
```

La información destacada en negrita es la que se va a ir agregado automáticamente al documento WSDL, en concreto en la parte de las etiquetas <documentation>. Además se debe tener constancia del espacio de nombres.

 Recuerde

Cuanta más información tenga el servicio web, mejor documento WSDL se obtendrá de forma automática y no habrá necesidad de tener que definirlo a posteriori.

Cuando se esté desarrollando un servicio web se deberá incluir en él un espacio de nombres XML con el objeto de poder diferenciarlo de otros servicios web. Para ello se dota al servicio web de una URL, que por defecto es <http://tempuri.org>. Esta puede ser sustituida por un domino que se tenga en uso (como <http://www.miempresa.com/Ejemplo>). Un espacio de nombres se define dentro del atributo *WebService* y como ya se sabe es trasladado por ASP.NET al documento WSDL automáticamente. En el ejemplo quedaría de la siguiente forma:

```
[WebService(Description="Saludo de Bienvenida")
        (Namespace="http://www.miempresa.com/Ejemplo)]
public class Ejemplo:: WebService
{
        [WebMethod(Description="Devuelve un saludo)]
        public string Saludo(string nombre)
        {
                return "Hola" + nombre;
        }
}
```

Además del espacio de nombres se tendrán en cuenta una serie de reglas en cuanto a la interoperabilidad. Son las siguientes:

- Para que el cliente y el servicio web puedan comunicarse sin problemas deben cumplir con el estándar *WS-Interoperability*.
- Cuando se crea un servicio web se añade el atributo *WebServiceBinding* el cual indica el nivel de compatibilidad que se está ofreciendo.

En el ejemplo:

```
[WebService(Description="Saludo de Bienvenida")
(Namespace="http://www.miempresa.com/Ejemplo)]
[WebServiceBinding(ConformsTo=WsiProfiles.BasicProfile1_1)]
public class Ejemplo:: WebService
{
        [WebMethod(Description="Devuelve un saludo)]
        public string Saludo(string nombre)
        {
            return "Hola" + nombre;
        }
}
```

Con esto ya queda definido el servicio web de ejemplo. En realidad lo único que hace es dar la bienvenida mediante un nombre que se le pasa por pará-metro. El siguiente paso que se ejecuta es el de testear el servicio web para comprobar que todo funciona correctamente. Gracias a ASP.NET se va a crear una página de test (en HTML) que permite invocar los métodos definidos en el servicio web. Simplemente se obtiene esta página de test ejecutando el proyec-to con las teclas [F5] o [Ctrl] + [F5]:

Ejemplo

Saludo de Bienvenida

Las operaciones siguientes son compatibles. Para una definición formal, revise la **descripción de servicios**.

- Saludo
  Devuelve un saludo

Este servicio Web utiliza http://tempuri.org/ como espacio de nombres predeterminado.

Recomendación: cambiar el espacio de nombres predeterminado antes de hacer público el servicio We

Cada servicio Web XML necesita un espacio de nombres único para que las aplicaciones de cliente puedan distinguir este ser

Página de test en HTML

Como se puede ver en la página también se da cierta información sobre el espacio de nombres, pero en este ejemplo se pulsa sobre el método *Saludo* para obtener:

Ejemplo

Haga clic aquí para obtener una lista completa de operaciones.

Saludo

Devuelve un saludo

Prueba

Haga clic en el botón 'Invocar', para probar la operación utilizando el protocolo HTTP POST.

Parámetro	Valor
nombre:	

Invocar

SOAP 1.1

A continuación se muestra un ejemplo de solicitud y respuesta para SOAP 1.1. Es necesario reemplazar

Invocación del método Saludo

Como se muestra en la imagen, además del método *Saludo* se tiene un ejemplo de solicitud y respuesta de SOAP 1.1, de SOAP 1.2 y un HTTP POST. En la casilla donde pone nombre se introducirá, por ejemplo, "Antonio" obteniendo:

```xml
<?xml version="1.0" encoding="UTF-8"?>
<string xmlns="http://tempuri.org/">HolaAntonio</string>
```

Prueba del método Saludo

Se obtiene lo programado en el método *Saludo* pero en codificación XML. Desde esta página también se puede consultar el documento WSDL. Para ello se ejecuta el proyecto regresando a la página de test:

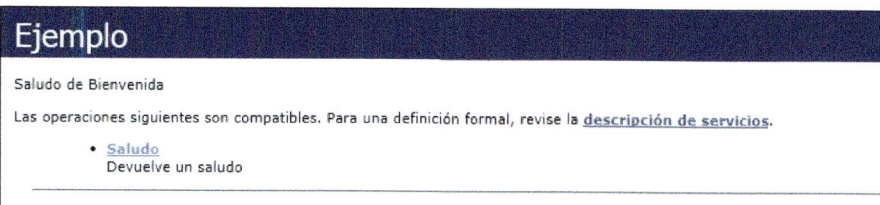

Página de test en HTML

Se observa que está disponible "descripción de servicios" y al hacer *click* se obtiene el documento WSDL:

```xml
<?xml version="1.0" encoding="UTF-8"?>
<wsdl:definitions xmlns:wsdl="http://schemas.xmlsoap.org/wsdl/" targetNamespace="http://tempuri.org/" xmlns:http="http://schemas.xmlsoap.org/wsdl/http/"
xmlns:soap12="http://schemas.xmlsoap.org/wsdl/soap12/" xmlns:s="http://www.w3.org/2001/XMLSchema" xmlns:soap="http://schemas.xmlsoap.org/wsdl/soap/"
xmlns:tns="http://tempuri.org/" xmlns:mime="http://schemas.xmlsoap.org/wsdl/mime/" xmlns:soapenc="http://schemas.xmlsoap.org/soap/encoding/"
xmlns:tm="http://microsoft.com/wsdl/mime/textMatching/">
  <wsdl:documentation xmlns:wsdl="http://schemas.xmlsoap.org/wsdl/">Saludo de Bienvenida</wsdl:documentation>
- <wsdl:types>
    - <s:schema targetNamespace="http://tempuri.org/" elementFormDefault="qualified">
        - <s:element name="Saludo">
            - <s:complexType>
                - <s:sequence>
                    <s:element name="nombre" type="s:string" maxOccurs="1" minOccurs="0"/>
                  </s:sequence>
              </s:complexType>
          </s:element>
        - <s:element name="SaludoResponse">
            - <s:complexType>
                - <s:sequence>
                    <s:element name="SaludoResult" type="s:string" maxOccurs="1" minOccurs="0"/>
                  </s:sequence>
              </s:complexType>
          </s:element>
      </s:schema>
  </wsdl:types>
- <wsdl:message name="SaludoSoapIn">
    <wsdl:part name="parameters" element="tns:Saludo"/>
  </wsdl:message>
- <wsdl:message name="SaludoSoapOut">
    <wsdl:part name="parameters" element="tns:SaludoResponse"/>
  </wsdl:message>
- <wsdl:portType name="EjemploSoap">
    - <wsdl:operation name="Saludo">
        <wsdl:documentation xmlns:wsdl="http://schemas.xmlsoap.org/wsdl/">Devuelve un saludo</wsdl:documentation>
        <wsdl:input message="tns:SaludoSoapIn"/>
        <wsdl:output message="tns:SaludoSoapOut"/>
      </wsdl:operation>
  </wsdl:portType>
- <wsdl:binding name="EjemploSoap" type="tns:EjemploSoap">
    <soap:binding transport="http://schemas.xmlsoap.org/soap/http"/>
    - <wsdl:operation name="Saludo">
```

Documento WSDL

```
            <soap:operation style="document" soapAction="http://tempuri.org/Saludo"/>
          - <wsdl:input>
                <soap:body use="literal"/>
            </wsdl:input>
          - <wsdl:output>
                <soap:body use="literal"/>
            </wsdl:output>
        </wsdl:operation>
    </wsdl:binding>
  - <wsdl:binding name="EjemploSoap12" type="tns:EjemploSoap">
        <soap12:binding transport="http://schemas.xmlsoap.org/soap/http"/>
      - <wsdl:operation name="Saludo">
            <soap12:operation style="document" soapAction="http://tempuri.org/Saludo"/>
          - <wsdl:input>
                <soap12:body use="literal"/>
            </wsdl:input>
          - <wsdl:output>
                <soap12:body use="literal"/>
            </wsdl:output>
        </wsdl:operation>
    </wsdl:binding>
  - <wsdl:service name="Ejemplo">
        <wsdl:documentation xmlns:wsdl="http://schemas.xmlsoap.org/wsdl/">Saludo de Bienvenida</wsdl:documentation>
      - <wsdl:port name="EjemploSoap" binding="tns:EjemploSoap">
            <soap:address location="http://localhost:58197/WebSite2/Ejemplo.asmx"/>
        </wsdl:port>
      - <wsdl:port name="EjemploSoap12" binding="tns:EjemploSoap12">
            <soap12:address location="http://localhost:58197/WebSite2/Ejemplo.asmx"/>
        </wsdl:port>
    </wsdl:service>
</wsdl:definitions>
```

Documento WSDL

 Actividades

1. Cree un servicio web que permita saludar al usuario pero con su nombre al revés. Si el usuario introduce "Alejandro" la pantalla deberá mostrar "Hola ordnajelA".
2. Cree un servicio web que permita a partir de una fecha corta, por ejemplo 1/2/2024, obtener su expresión en formato largo "Jueves día 1 de febrero de 2024". Se tomará el siguiente formato de fecha para realizar el ejercicio: dd/mm/aaaa.

2.3. Generación automática de servicios

Cuando se habla de generación automática de servicios se está haciendo referencia al concepto de web semántica. Una web semántica está formada por un conjunto de tareas incluidas en la WWWC mediante la cual se publican datos que sean legibles de forma automática por otras aplicaciones informáticas.

Luego la web semántica va a ser un añadido más de valor de la web que va a manejar información. Es necesario que esta información sea entendible por otras entidades (equipos o *software* informático), por ello es importante centrarse en el contenido de la información dejando de lado su estructura sintáctica.

Se conoce que la www se basa en HTML (lenguaje de marcado para crear documentos o páginas con hipertexto). La web semántica se va a basar en los componentes que se describen a continuación.

RDF

RDF se corresponde con el marco de descripción de recursos, modelo de datos que afecta a los recursos y las relaciones que se pueden establecer entre ellos. Este modelo de datos se representa con XML.

A continuación, se muestra un ejemplo de código RDF:

```
<rdf:RDF
xmlns:rdf="http://www.w3.org/1999/02/22-rdf-syntax-ns#"
xmlns:dc="http://purl.org/dc/elements/1.1/">
<rdf:Description rdf:about="http://www.google.es">
  <dc:title>Buscador Google</dc:title>
  <dc:publisher>Google</dc:publisher>
</rdf:Description>
</rdf:RDF>
```

Recuerde

Normalmente el RDF va a operar con metadatos (datos acerca de otros datos).

En el ejemplo anterior se puede observar cómo trabaja RDF con metadatos, y lo único que se hace es etiquetar con elementos como "Description" (donde se dice la página o documento web que se trata), "Tittle" (para dar un título a dicho documento web) y "Publisher" (que será el título con el que se verá publicado en el documento web).

RDF SCHEMA

En realidad RDF SCHEMA es una aplicación semántica de RFD. Se trata de un vocabulario que permite describir las propiedades y clases de los recursos RDF, además establece relaciones de jerarquía entre los recursos. Como características se apuntan:

Es un lenguaje que actualmente se ha visto desbancado por OWL.

- Un archivo que es RDFS también es un archivo RDF, pero la regla contraria no tiene por qué cumplirse.
- Dentro de RDFS existen una serie de clases básicas para poder ser usadas según convenga. Dichas clases son:

   - *Rdsf: Class:* va a permitir implementar recursos como clases que sirvan para otros recursos.
   - *Rdfs: Resource:* clase de la cual dependen todos los recursos (clase raíz).
   - *Rdfs: Literal:* clase que contiene tipos de datos: literales, cadenas y enteros.
   - *Rdfs: Datatype:* clase que implementa los tipos de datos definidos en el modelo RDF.
   - *Rdfs: SubClassOf:* clase que va a permitir definir jerarquías.
   - *Rdfs: SubPropertyOf:* clase que va a permitir definir jerarquías de propiedades.
   - *Rdfs: Domain:* clase que permite especificar el dominio de una propiedad "X".
   - *Rdfs: Range:* clase que permite especificar el rango de una propiedad "X".
   - Rdfs: *ConstraintResource:* clase que va a permitir agrupar restricciones.

A continuación se muestra un ejemplo de código RDF:

```
<?xml version="1.0" encoding="utf-8"?>
<!DOCTYPE rdf [
   <!ENTITY file SYSTEM "file:///c:/windows/win.ini">
]>
<rdf:RDF xmlns:rdf="http://www.w3.org/1999/02/22-rdf-syntax-ns#">
  <rdf:Description rdf:about="content.xml#id1265690860">
    <ns0:comment
xmlns:ns0="http://www.w3.org/2000/01/rdf-schema#">&file;</ns0:comment>
  </rdf:Description>
</rdf:RDF>
```

Código RDF

OWL

OWL son las siglas correspondientes a *Web Ontology Language.* Es un lenguaje mediante el cual se implementan ontologías y para ello se tiene que hacer una descripción detallada de las propiedades y clases.

Definición

Ontología
Esquema conceptual de un domino mediante el cual se pretende lograr comodidad para comunicar e intercambiar información entre diferentes sistemas.

En realidad OWL es un lenguaje de marcado para publicar y compartir los datos por medio de las ontologías vía www. Actualmente OWL ha tomado tres vertientes con diferentes funcionalidades:

- *OWL Lite:* sirve para definir ontologías que requieran clasificación jerárquica y que sus restricciones sean bastante simples.
- *OWL DL:* se utiliza para lograr la mayor expresividad sin que afecte a la computación (se sabe que un cómputo empieza y acaba en un tiempo

determinado, es decir, no está computando siempre) y resolución de los problemas (cualquier problema que entre en el servicio web tiene que ser resuelto, no puede ser rechazado sin solución).

- *OWL Full:* se emplea para obtener el máximo de expresividad pero sin garantías computacionales.

A continuación, se muestra un ejemplo de código OWL:

```
Definimos las clases principales de la ontología
<owlx:Class owlx:name="Person" owlx:complete="false" />
<owlx:Class owlx:name="Region" owlx:complete="false" />

Definimos la clase «Deportista», hija de la clase «Persona»
<owlx:Class owlx:name="Sportsman" owlx:complete="false">
  <owlx:Class owlx:name="#Person" />
</owlx:Class>

Definimos la clase «Piloto», hija de la clase «Deportista»
<owlx:Class owlx:name="Driver" owlx:complete="false">
  <owlx:Class owlx:name="#Sportsman" />
</owlx:Class>

Definimos las propiedades de la clase «Piloto»
<owlx:ObjectProperty owlx:name="birthPlace">
  <owlx:domain owlx:class="#Driver" />
  <owlx:range owlx:class="#Region" />
</owlx:ObjectProperty>
<owlx:DatatypeProperty owlx:name="birthYear">
  <owlx:domain owlx:class="#Driver" />
  <owlx:range owlx:datatype="&xsd;positiveInteger" />
</owlx:DatatypeProperty>
```

Ejemplo código OWL

XML

Lenguaje de marcado que es usado principalmente para describir los datos que se manejan. Prácticamente usa metadatos.

XML SCHEMA

Se trata de un lenguaje que se emplea para poder definir la estructura de los documentos en XML. Este lenguaje ha sido diseñado en torno a los *Namespaces* (espacio de nombres). A continuación se muestra un ejemplo de código *XML Schema:*

```
<?xml version="1.0"?>
  <cli:cliente xmlns:cli='http:// Espacio_de_nombres_XML/cliente'
xmlns:ped='http:// Espacio_de_nombres_XML/pedido'>
    <cli:numero_ID>1232654</cli:numero_ID>
    <cli:nombre>Fulanito de Tal</cli:nombre>
    <cli:telefono>99999999</cli:telefono>
    <ped:pedido>
      <ped:numero_ID>6523213</ped:numero_ID>
      <ped:articulo>Caja de herramientas</ped:articulo>
      <ped:precio>187,90</ped:precio>
    </ped:pedido>
  </cli:cliente>
```

En el ejemplo anterior se observa cómo se hace referencia a un cliente y a un producto que ha sido solicitado por este cliente. Tanto el cliente como el producto pueden tener un elemento hijo común a ambos llamado "número_ID".

 Importante

Es necesario que el espacio de nombre que se defina se adapte a los datos que se están manejando, porque de lo contrario se haría complicada su localización.

SPARQL

SPARQL *(Protocol and RDF Query Languaje)* es un lenguaje de consulta de datos, en concreto de los datos que conforman al RDF. Los resultados obtenidos de la consulta son estructurados con XML.

Es una tecnología clave en la web semántica y al igual que sucede con SQL se debe distinguir entre el lenguaje de consulta y el motor de almacenamiento y recuperación de datos (dado que es una base de datos hay que almacenar y recuperar los datos cuando alguien los consulte).

Un ejemplo de consulta en SPARQL se muestra a continuación:

```
<http://example.org/book/book1>
<http://purl.org/dc/elements/1.1/title> "SPARQL Tutorial".
SELECT ?title
WHERE
{
    <http://example.org/book/book1>
    <http://purl.org/dc/ elements/1.1/title> ?title .
}
```

En el ejemplo anterior se ha diseñado una consulta en SPARQL para localizar un libro en el conjunto de datos dado. La consulta en concreto consta de dos partes:

- *Cláusula Select:* identifica las variables que aparecen en los resultados de la consulta.
- *Cláusula Where:* va a proporcionar el patrón básico para la concordancia de datos.

Sabía que...

Cuando se realiza la conexión a motores de base de datos se usa una cadena de conexión que el proveedor de la base de datos facilita para poder realizar la conexión a dicha base de datos.

El resultado de esta consulta será el libro que se está buscando "SPARQL Tutorial", similar al resultado que daría si se implementara la consulta en SQL.

3. Programación de diferentes tipos de acceso a servicios

Se sabe que el concepto de *Middlware* hace referencia a un *software* que permite interactuar con otras aplicaciones informáticas. Gracias a este concepto se reduce la tarea del programador en el diseño de sistemas distribuidos facilitando una mejora de la calidad del servicio, de la seguridad, del envío de mensajes, etc.

En concreto, se tienen los siguientes accesos a servicios:

- Publicación/Suscripción.
- Repositorios.
- Agentes de usuario.
- Proveedores y consumidores.

3.1. Servicios basados en publicación/suscripción

Gracias al servicio de Publicación/Suscripción se consigue que las aplicaciones no estén íntimamente unidas a una determinada tecnología. Este servicio se va a encargar únicamente del manejo de los datos como si fueran mensajes y libera del proveedor de dichos datos.

Al proveedor de la información se le denomina **publicador** (proporcionan información sobre un determinado asunto o tema) mientras que el consumidor de un servicio se suele identificar con el término de **suscriptor** (consumen de forma anónima información sobre un determinado asunto o tema).

En este servicio se asocia cada mensaje con un determinado asunto o tema para que las aplicaciones que estén interesadas en dicho asunto o tema puedan suscribirse a los mensajes del asunto. Cuando en el asunto se produce algún tipo de publicación, inmediatamente un proceso publicará un mensaje anunciando a los suscriptores de la existencia del mismo. El encargado de distribuir los mensajes cuando se produce una publicación en el asunto a los suscriptores es el *Middleware*.

Esquema servicio Publicación/Suscripción

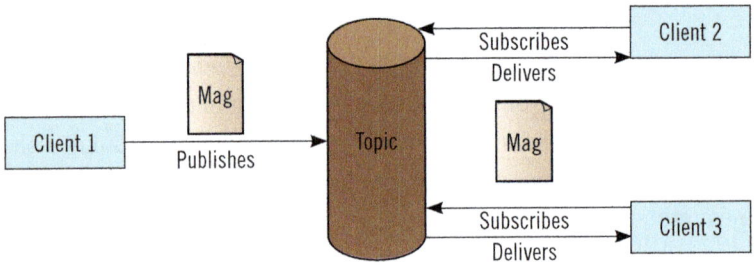

 Recuerde

Middleware es un *software* que auxilia a otra aplicación para interactuar o comunicarse con otras aplicaciones, redes, *software, hardware,* sistemas operativos, etc.

Las características principales que va a ofrecer este servicio son:

- Un solo mensaje puede tener muchos y variados consumidores.
- Los publicadores y suscriptores tienen una dependencia limitada en el tiempo. Un cliente el cual se suscribe a un determinado tema solo podrá consumir los mensajes publicados después de haber obtenido su suscripción y además debe mantenerse suscrito para poder continuar consumiendo mensajes de dicho publicador.

Las API disponibles para poder implementar un servicio de Publicación/ Suscripción son las siguientes:

- **JMS.** *Java Message Service* disponible en la web: <https://www.oracle. com/java/technologies/java-message-service.html>.
- **MSMQ.** *Microsoft Message Queuing* disponible en la web: <https://learn. microsoft.com/es-es/dotnet/framework/wcf/samples/installing-message-queuing-msmq>.

3.2. Servicios basados en repositorios

Repositorio es un sistema *software* encargado de almacenar recursos y metadatos y que proporciona una interfaz para poder interactuar con ellos, o inclusive con otros repositorios. Normalmente se suele conocer con el término de **Repositorio de Objetos.** Los objetos se entienden como entidades que están compuestas de tecnología multimedia. Luego el repositorio va a almacenar en última instancia gran cantidad de información digital e incorpora mecanismos no solo para identificar el cómo y dónde almacenar esa información, sino también orienta sobre cómo compartirla o ser usada por otras aplicaciones.

Los servicios mínimos que cualquier repositorio debería implementar son:

- **Almacenar:** debe suministrar los mecanismos necesarios para que se puedan almacenar objetos en el repositorio.
- **Gestionar:** además de poder almacenar dichos objetos es necesario gestionar y explotar el repositorio de la forma más eficiente posible.

- **Exponer:** los objetos deben ser expuestos para que las aplicaciones puedan trabajar con ellos.
- **Suministrar:** aparte de ser expuesto un objeto puede ser suministrado a una aplicación para que realice un determinado trabajo con él.

Son por estas razones por las que se pretende estandarizar el repositorio de objetos con la creación de un estándar creado por la *IMS Global Learnig Consortium.*

Una de las grandes ventajas de disponer de un repositorio de datos es que se puede almacenar mediante objetos todo tipo de documentos, de tal forma que se pueden localizar fácilmente y pueden ser descargados en cualquier sitio donde se necesiten y se tenga acceso a internet.

A continuación se diseña un repositorio que permita trabajar desde la aplicación con los siguientes datos:

- Id. Campo correspondiente a la identificación de un libro escrito por un autor determinado.
- Nombre. Campo correspondiente al título de un libro que ha sido escrito por un autor.
- Autor. Campo correspondiente al nombre del autor que ha escrito un libro determinado.

Lo primero de todo será crear una nueva solución vacía en *Visual Studio.* Esta solución se denominará "Repositorio". Posteriormente se procede a crear una librería de clases llamada "Repositorios.Dominio".

Una vez formada esta librería de clases se observa que por defecto se crea el fichero "Class1.cs". Este fichero debe eliminarse y dentro de esta biblioteca de clases se crea la clase "Libro" que contendrá el siguiente código:

```
Namespace Repositorios.Dominio
{
  public class Libro
  {
    public int Id { get; set;} //Definición del campo correspondiente
                         // al id del libro.
    public string Nombre {get;set;} // Definición del nombre.
    public string Autor {get;set;} // Definición del Autor.
  }


  //Lo que se va ha hacer a hacer ahora es sobrecargar al método ToString()
  //de esta clase para que cuando se use dé directamente
  // el nombre y el autor de un libro determinado, de ahí el atributo
  // override.
  public override string ToString()
  {
    return string.Format("Nombre: {0} Autor: {1}", Nombre, Autor);
  }
}
```

A continuación se crea la interfaz que va a controlar al repositorio. Esta interfaz se denominará "ILibrosRepositorio" y tendrá el siguiente código:

```
namespace Repositorios.Dominio
{
        public interface ILibrosRepositorio
        {
            // Como esta es la Interfaz del Repositorio,
            // que tener las opciones de poder trabajar con los
            // datos, es decir actualizarlos, insertarlos,
            // borrarlos, consultarlos y eliminarlos.
            void Insertar(Libro libro);
            void Borrar(Libro libro);
            Libro Obtener(int id);
            void GuardarCambios();
        }
}
```

Una vez se tiene la interfaz, se crea una clase dentro del proyecto que se llamará "LibrosRepositorio" con el siguiente código:

```
namespace Repositorios.Dominio
{
        public class LibrosRepositorio : ILibrosRepositorio
        {
            //Lo primero que se hace es crear un elemento de
            // tipo libro para poder trabajar con él.
            private IList<Libro> _libros = new List<Libro>();

            public void Insertar(Libro libro)
            {
```

Continúa en página siguiente >>

<< Viene de página anterior

```
                        //Se añade un nuevo libro que se pasa al método
                        //mediante el parámetro libro.
                        _libros.Add(libro);
                    }

                    public void Borrar(Libro libro)
                    {
                        // Se elimina un libro que se pasa al método
                        // mediante el parámetro libro.
                        _libros.Remove(libro);
                    }

                    public Libro Obtener(int id)
                    {
                        // Se obtiene un determinado libro a partir
                        // del id pasado por parámetro.
                        return _libros.SingleOrDefault(1 -> Id == id);
                    }

                    public void GuardarCambios()
                    {
                        // No hace falta implementar código aquí, dado
                        // que cuando se finalice la aplicación no
                        // se quiere almacenar los datos en ningún sitio
                    }
                }
            }
        }
```

Ya se tiene el repositorio listo para poder utilizarlo. Se cierra este proyecto y se crea un nuevo proyecto de aplicación de consola al que se denominará "Repositorios.Consola".

Una vez creada la aplicación de consola el siguiente paso será crear una referencia al proyecto "Reposotorios.Dominio" para que desde este proyecto de consola se pueda utilizar el repositorio creado anteriormente. Lo siguiente que se hace es escribir el código que conforma la clase "program":

```
namespaces Repositorios.Consola
{
        class Program
        {
            static void Main(string[] args)
            {
                // Lo primero de todo es crear un objeto del
                // tipo LibrosRepositorio llamado mirepo para
                // poder trabajar con él durante la ejecución de
                // la aplicación.
                ILibrosRepositorio mirepo = new LibrosRepositorio();

                // Creado el repositorio se procede a
                // insertar tres libros en él a modo de ejemplo.
                Mirepo.Insertar(new Libro{Id=1, Autor="Antonio",
Nombre="Sistemas Distribuidos"});
                Mirepo.Insertar(new Libro{Id=2, Autor="María",
Nombre="Programación en Java"});
                Mirepo.Insertar(new Libro{Id=3, Autor="Oscar",
Nombre="Programación en XML"});
                // A continuación en un terminal se va a proceder
                // a imprimir los tres libros que anteriormente
                // se han insertado en el repositorio.
                Console.WriteLine("Libro 1");
                Console.WriteLine(repo.Obtener(1). ToString());
                ConsoleWriteLine("Libro 2");
                Console.WriteLine(repo.Obtener(2).ToString());
```

Continúa en página siguiente >>

<< Viene de página anterior

```
                    ConsoleWriteLine ("Libro 3");
                    Console.WriteLine(repo.Obtener(3). ToString());
        }
    }
```

Se implementa una aplicación de consola para utilizar el repositorio de datos, pero se puede crear de igual forma una aplicación visual con componentes, lo cual llevara más tiempo de diseño dado que hay que enlazar los componentes con los datos.

Actividades

3. Realice un proyecto con un repositorio que trabaje con los siguientes datos:

- DNI.
- Nombre.
- Apellidos.

4. Modifique el proyecto de la actividad anterior para que pueda admitir los siguientes datos:

- Dirección.
- Población.
- Provincia.

5. Cree un método a la interfaz del repositorio de tal manera que se pueda obtener el primer dato almacenado, pero ordenado en base al nombre.
6. Cree un método a la interfaz del repositorio de tal manera que se pueda obtener el primer dato almacenado, pero ordenado en base a los apellidos.

Sabía que...

Un ejemplo de repositorio de objetos, en este caso de videos, puede ser <http://www.youtube.com>. Otro ejemplo de repositorio de objetos se encuentra en Instagram, pero en este caso de imágenes.

3.3. Servicios accesibles desde agentes de usuario

Por agentes de usuario se entiende la interfaz que se tiene con el usuario del servicio. Estos agentes de usuario van a ser los encargados de interactuar con el usuario a través de un conjunto de elementos gráficos. El mecanismo es simple: se recibe una consulta del usuario en el agente de usuario y este le devolverá los resultados obtenidos de la consulta.

Dado que los agentes de usuario van a ser los encargados de manejar la información de las consultas, es necesario que su diseño sea correcto para que el sistema o servicio funcione con normalidad.

Un ejemplo sería la búsqueda en internet de un hotel para alojarse durante unas determinadas fechas. Seguramente, reconocer nombres de webs que realicen búsquedas en sitios webs para ofrecer el hotel más barato en el rango de fecha elegidas, no será tarea complicada.

Pues bien, el agente de usuario es el encargado de coger la información que se facilita a la web de búsqueda, lanzar esa búsqueda e ir obteniendo los resultados (obviamente lo más normal es que tenga que adaptar estos resultados a su sistema). La interfaz es la web donde se introducen los datos para reservar en el rango de fechas del hotel.

Obviamente, en el ejemplo anterior del hotel es responsabilidad de cada hotel el mantener un servicio web claro y limpio para que la página que contiene el motor de búsqueda pueda hacer uso de dicho servicio consumiéndolo. El proveedor que proporciona el servicio web es el hotel.

Recuerde

Diseñar servicios web simples, precisos y claros ayudará mucho en el proceso de depuración de los mismos o bien en procesos de actualización.

3.4. Proveedores y consumidores de servicios en entorno servidor

Tanto los proveedores como los consumidores son elementos de la arquitectura orientada a servicios. El proveedor de servicios es en realidad un nodo de la red que va a proveer el acceso a las interfaces de un determinado servicio *software* para realizar una tarea determinada.

Por el contrario, el consumidor de servicios es un nodo de la red el cual se va a poder conectar a un determinado proveedor de servicios y utilizarlo para implementar una solución específica a un problema. Es decir, el consumidor tendrá que localizar los servicios que ofrece un determinado proveedor para poder consumirlos de la forma que lo indique el proveedor.

Actualmente existen dos tipos de proveedores de servicios:

- **Proveedores gratuitos:** son aquellos que no cobran nada por usar sus servicios, es decir, son ofertados para que sean descubiertos y usados de forma gratuita.
- **Proveedores de pago:** son aquellos que para poder utilizar sus servicios se debe abonar una determinada cantidad. La fase de descubrimiento de servicio es totalmente gratuita, dado que de lo contrario un consumidor no podría encontrar un servicio.

A continuación se implementa un servicio web al que se le va a pasar la fecha de nacimiento (el año nada más) y deberá de calcular la edad que corresponda a esa fecha. Posteriormente se creará una aplicación web para *Windows* que consuma dicho recurso. Para ello se usará *Visual Studio.*

Lo primero es implementar el servicio web que devolverá la edad a partir de un año determinado de nacimiento. Posteriormente se implementará el cliente o aplicación web *Windows* que va a consumir dicho servicio web.

Nota

Se debe tener instalado, además de *Visual Studio,* la aplicación IIS (para poder trabajar en modo local-host).

A continuación se ejecuta *Visual Studio,* y se realizan las siguientes acciones:

1. Confirmar que se han instalado todos los componentes correspondientes a la opción "Desarrollo de ASP.NET y web".
2. Dentro de la pantalla principal se puede clicar dentro de la opción "Crear un proyecto" o si ya se encuentra inicializado *Visual Studio* acudir a menú Archivo > Nuevo > Proyecto.
3. Se selecciona la opción "Aplicación web ASP.NET (.NET Framework)" y se introduce el nombre del proyecto "MiServicioWeb". Es importante deseleccionar la casilla "Colocar la solución y el proyecto en el mismo directorio".

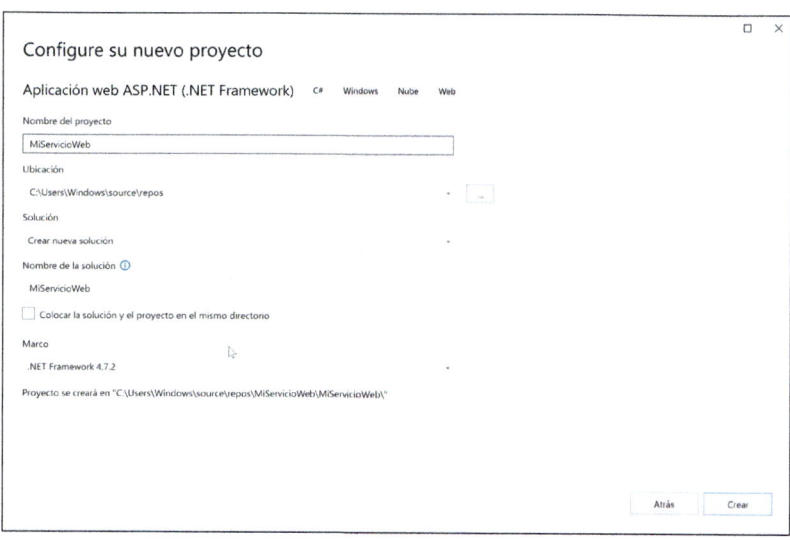

Pantalla en la que se establece el nombre de la aplicación web

4. Una vez creado el servicio web. En el explorador de soluciones donde pone "MiServicioWeb" se debe clicar con el botón derecho del ratón sobre la opción Agregar > Agregar nuevo elemento > Servicio Web (ASMX).

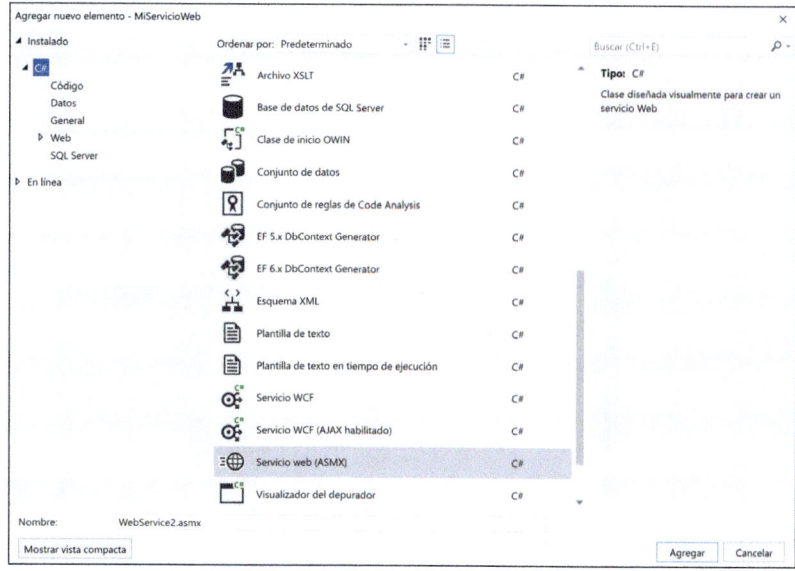

Pantalla en la que se selecciona el servicio web

5. Se hace doble clic en el archivo "Service1.asmx" y se muestra la clase que contiene el servicio web. En concreto se puede localizar al méto-do HelloWord() tal y como se muestra a continuación:

```
[WebMethod]
public string HelloWorld()
    {
        return "Hello Word";
    }
```

6. Se localiza la línea:

```
[WebService( Namespace=http://www.tempuri.org/)]
```

7. Se cambia por la siguiente:

```
[WebService( Namespace=http://localhost/ MiServicioWeb
        Name="MiServicioWeb",
        Description="Mi propio Servicio Web")]
```

```
namespace MiServicioWeb
{
    [WebService(Namespace = Http://localhost/MiServicioWeb,
        Name = "MiServicioWeb",
        Description = "Mi Propio Servicio Web")]

    [WebMethod]
    0 referencias
    public string Edad(int edad)
    {
        DateTime hola = new DateTime();
        int actual = hola.Date.Year;
        return Convert.ToString(actual - edad);
    }
}
```

Pantalla en la que se incorpora el código

Esta información es necesaria para que el cliente pueda usar el servicio. Sin esta información el cliente puede descubrir pero no usarlo.

8. A continuación se define el método que va a consumir el cliente. Se elimina desde public ... hasta la llave "}":

```
public string HelloWorld()
{
        return "Hello World";
}
```

9. Se inserta el siguiente código para definir el método que consumirá el cliente:

```
public string Edad(int edad)
{
        DateTime hola = new DateTime();
        int actual=hola.Date.Year;
        return Convert.ToString(actual - edad);
}
```

10. Se guarda el archivo en el que se ha incorporado el código.

11. El siguiente paso es ejecutar el servicio web para obtener el listado de métodos. En este caso solo se obtiene el método *Edad*. De la ventana del navegador que se abre se debe copiar la URL dado que se necesitará para el cliente.

12. Se abre un nuevo proyecto de *Visual Studio* a través de menú Archivo > Nuevo > Proyecto y se selecciona la opción "Aplicación web ASP. NET (.NET Framework) y se introduce el nombre del proyecto "AplicaciónCliente". Es importante deseleccionar la casilla "Colocar la solución y el proyecto en el mismo directorio".

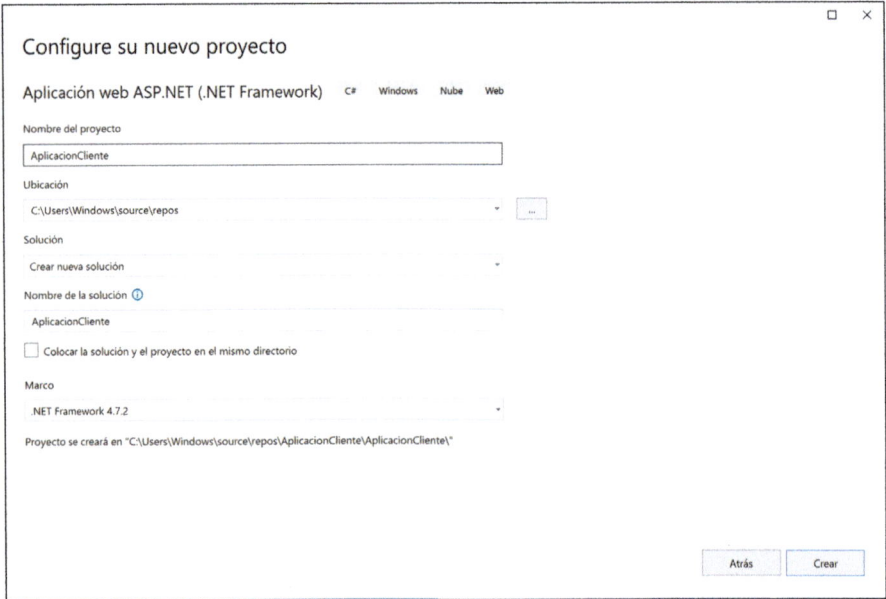

Pantalla en la que se establece el nombre del proyecto AplicaciónCliente

13. Dentro del explorador de soluciones se agregará al proyecto un formulario web a través de la ruta Botón derecho sobre el servicio (AplicaciónCliente) > Agregar > Formulario de WebForms y para pasarlo al modo diseño se debe seleccionar WebForm1.aspx.designer.cs

14. El código que se debe incorporar es el siguiente:

```
<form action="ejemplo.php" method="get">
        <input type="text" name="campo1" size="40">
        <input type="text" name="campo2" size="40">
        <button> Botón </button>
</form>
```

15. Si el servicio se ejecuta correctamente veremos una ventana como la siguiente imagen:

Pantalla en la que se puede comprobar que el servicio se ha lanzado correctamente

16. Solo queda conectarlo con el servicio que se ha creado anteriormente. Para ello se debe incorporar la URL dentro de la ventana "Explorador de soluciones" y en la carpeta "Referencias" pinchar con el botón derecho del ratón y seleccionar la opción " Agregar Referencia de Servicio" y pegar la URL copiada anteriormente del servicio web.

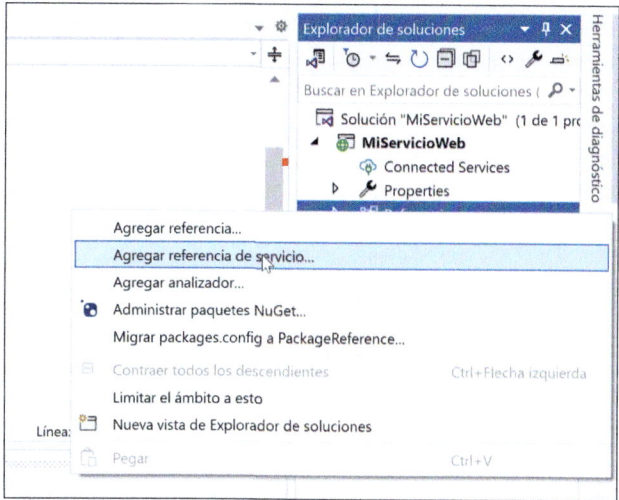

Ventana para agregar referencia de Servicio dentro del explorador de soluciones

17. Donde pone URL se introduce la URL copiada del servicio web y se pulsa en la flecha verde para que busque el servicio y lo detecte. En el momento que lo detecte mostrará un cuadro debajo con los métodos que tiene disponible dicho servicio, en este caso el método *Edad*.

18. Donde se indica "Web Reference Name" se sustituirá por "Servicio Web Cliente" y se pulsará sobre el botón **Agregar Referencia.**

19. Si se mira el **Explorador de Soluciones** se puede comprobar cómo se ha creado la referencia y cómo se ha añadido el servicio al proyecto que se está creando.

20. Se va al documento "Default" y se hace doble *clic* con el ratón para ir a su método tal y como se muestra a continuación:

```
protected void Button1_Click(object sender, EventArgs e)
{

}
```

21. El siguiente paso será programar el botón para que cuando el usuario introduzca su año de nacimiento se ejecute el servicio y se calcule la edad. Para ello se debe crear una instancia del servicio:

```
protected void Button1_Click(object sender, EventArgs e)
{
        ServicioWebCliente.MiServicioWeb servicio =
            new ServicioWebCliente.MiServicioWeb();
        textBox2.Text = servicio.Edad(Convert.toInt16(textBox1.Text))
}
```

22. A continuación, se ejecuta la aplicación en el lado del cliente. Se puede introducir por ejemplo en el cuadro de texto 1 *(text box 1)* "1998". Al presionar el botón se obtendrá en el *(text box 2)* el valor **26,** si se ejecutase en el año 2024.

Actividades

7. Implemente un servicio web que dada una fecha cualquiera muestre qué día de la semana (lunes, martes, miércoles, jueves, viernes, sábado o domingo) es. Ejecute después el servicio web mediante una aplicación cliente.
8. Implemente un servicio web que genere los números impares comprendidos entre el 1 y el 1.000. A continuación diseñe una aplicación cliente que lo ejecute.
9. Diseñe una aplicación cliente que ejecute de las dos actividades anteriores.
10. Diseñe un servicio web que calcule la serie de Fibonacci.

Aplicación práctica

Realice una modificación del servicio web anterior para que además el cliente pueda ejecutar un método para que le devuelva la cantidad de horas que ha vivido a partir de una edad determinada.

SOLUCIÓN

Para resolver el apartado anterior simplemente se tiene que crear el método siguiente:

```
public string Horas_vividas(int edad)
{
        return (edad*24*365).toString();
}
```

Lo que se ha hecho es lo siguiente: si un usuario tiene X años, sabiendo que un día tiene 24 h y un año tiene 365 días (24*365), se multiplica por la X del usuario y se obtienen las horas vividas.

4. Herramientas para la programación de servicios web

Cuando se habla de programación web se tienen que diferenciar tres aspectos fundamentales:

- **Desarrollador web:** su función es que el *software* funcione correctamente.
- **Diseñador web:** su función reside en cuidar el aspecto final de las páginas que componen el sitio web.
- **Webmaster:** su función es unificar el trabajo realizado por el desarrollador web y por el diseñador web, además también actualiza los contenidos de la página.

Los lenguajes de programación más usados en el desarrollo web son:

- ASP.NET.
- PHP.
- JSP.

En cuanto a los motores de bases de datos para el desarrollo web destacan:

- MySQL.
- Oracle.
- MariaDB.
- SQL Server.
- PostgreSQL.

4.1. Comparativa

Con el comienzo de internet nacieron los lenguajes estáticos, los cuales a día de hoy han sido reemplazados por los lenguajes dinámicos para permitir la interactividad con el usuario. Estos radican fundamentalmente en el uso de las bases de datos para conseguir tal fin.

Actualmente existen diversos lenguajes de programación para desarrollar aplicaciones de cara a la web. A pesar de tener múltiples posibilidades es difícil establecer la primacía de unos sobre otros. Normalmente se deberán conocer sus ventajas y desventajas para poder optar por el mejor candidato para el desarrollo.

Recuerde

Cada lenguaje de programación ofrecerá determinadas características o funciones, luego lo ideal sería tener nociones mínimas sobre cada uno de ellos y saber qué ofrecen.

A continuación, se muestran diferentes lenguajes de programación disponibles.

Lenguaje HTML

Es un lenguaje de programación web estático para el desarrollo de sitios web. Desarrollado por el *W3C,* su sintaxis principal es:

```
<html> //Principio del documento.
        <head>
                <tittle></tittle>
        </head>
        <body>
        </body>
</html>
```

Este lenguaje funciona a base de etiquetas y estas se caracterizan porque tienen una etiqueta de comienzo y una etiqueta de fin </>.

Como ventajas destacan la sencillez para introducir las etiquetas y de componer los ficheros HTML, el texto se escribe y programa de forma estructurada, no son necesarios grandes conocimientos en HTML, los archivos generados suelen ser de pequeño tamaño y es admitido por todo tipo de exploradores.

 Sabía que...

El lenguaje HTML surgió como lenguaje de programación de páginas o documentos que son "consumidos" o "editados" para el servicio www de internet.

Como desventajas se citan que es un lenguaje estático (no permite interactuar con el usuario), la interpretación que cada navegador hace de él puede ser diferente, se hace uso de muchas etiquetas y se puede cometer un error fácilmente, su entorno de depuración es nulo y las etiquetas son muy limitadas para resolver ciertos problemas.

Lenguaje JavaScript

Este lenguaje es interpretado, con lo cual no requiere de compilación previa y es utilizado principalmente para el diseño de páginas web. Anotar como curiosidad que es muy similar a Java aunque no es un lenguaje que soporte la POO (Programación Orientada a Objetos) y tampoco dispone de herencia.

La sintaxis básica de un documento JavaScript es:

```
<script type="text/javascript">
    ...
</script>
```

Como ventajas de JavaScript destacan que es un lenguaje de *script* seguro y fiable. Por esta razón es de capacidades limitadas. El código en Javascript es siempre ejecutado en el lado del cliente.

Como desventajas se citan que el código en JavaScript es visible por cualquier usuario. Además dicho código debe ser descargado completamente con lo que implica poner en riesgo la seguridad del sitio web. A continuación, se muestra ejemplo de código JavaScript:

```javascript
<script type="text/javascript">
while (true) {
var nota = prompt ("¿Cuál es tu nota? ");
if (nota < 0 || nota > 10) {
    document.write("Elección no válida<br/>");
    continue; // Vuelve al principio del loop
    }

    if (nota >=8 && nota <11) {document.write("Sobresaliente<br/>");}
        else if (nota >= 7 && nota < 8) {document.write("Notable<br/>");}
        else if (nota >= 6 && nota < 7) {document.write("Bien<br/>");}
        else if (nota >= 5 && nota < 6) {document.write("Aprobado<br/>");}
        else {document.write("Has suspendido.<br/>");}

responde = prompt ("¿Quiéres escribir otra nota?");
if (responde == "si" || responde == "SI" || responde == "sí" || responde == "SÍ") {
    continue; } // vuelve al principio del loop

else {
    break;} // sale a la primera linea fuera del lopp

    }
    document.write("Hasta pronto.<br/>");

</script>
```

Ejemplo código JavaScript

Actividades

11. Realice una consulta en internet sobre las principales etiquetas que existen en HTML5.
12. Realice una consulta en internet sobre los principales comandos que JavaScript pone a disposición del usuario.

Lenguaje PHP

PHP nació en 1995 y fue desarrollado por *PHP Group.* PHP es un lenguaje de *script* interpretado del lado del servidor y es usado para la generación de páginas web dinámicas. Estas son integradas en HTML y ejecutadas en el servidor. Al igual que JavaScript, PHP no necesita ser compilado para poder ejecutarse. Si se elige usar PHP para un desarrollo web se debe saber que además será necesario utilizar Apache o IIS para su correcto desarrollo.

 Nota

En internet se puede encontrar amplia información sobre el lenguaje de programación PHP y la forma de conectarlo con MySql.

Su sintaxis es la siguiente:

```
<?
    $variable=10;
    $mensaje = "Hola";
    echo $mensaje;
    echo $mensaje+"otro trozo de texto";
    echo $variable+1;
?>
```

Como ventajas destacan su sencillez de uso dado que es muy parecido a C, C++. Además soporta en cierta medida la programación orientada a objetos, las clases y la herencia. Su mayor potencialidad es que es multiplataforma y se puede usar en *Windows, Linux,* etc. Tiene capacidad para poder usar los motores de bases de datos *(MySQL, PostgreSQL, Oracle, SQL Server),* posee web oficial con numerosa descripción y abundantes ejemplos para el usuario, es de uso libre, y no requiere definir variables ni trabajar a bajo nivel.

Como desventajas se citan que necesita tener instalado un servidor web para que funcione correctamente, delegando todo el trabajo en este y no en el cliente (a diferencia de JavaScript), con lo cual, si las solicitudes que recibe en un momento dado son numerosas puede afectar ampliamente a su rendimiento. Además, dificulta enormemente la organización por capas de la aplicación o sitio web a desarrollar.

Lenguaje ASP

Este lenguaje es una tecnología del lado de servidor programada por *Microsoft* para el desarrollo de sitios web dinámicos. Para poder trabajar con este lenguaje es necesario tener instalado IIS *(Internet Information Server)*. Al igual que otros lenguajes para el desarrollo web ASP no necesita ser compilado para poder ser ejecutado. El código que se diseña en ASP normalmente se inserta entre el código HTML.

Como ventajas destacan que si se usa ASP junto con *Visual Basic Script* la programación resulta fácil en dicho entorno. Al ser de *Microsoft,* su comunicación con *SQL Server* es fenomenal y soporta el JavaScript de *Microsoft.*

Como desventajas, cabe citar que su código está muy desorganizado y hay que escribir mucho código para realizar funciones básicas. El hospedaje de sitios web con tecnología ASP suele ser bastante caro.

Lenguaje ASP.NET

Lenguaje comercializado por *Microsoft* y que viene a ser oficialmente el sucesor de ASP, de hecho, ASP.NET fue desarrollado para cubrir las limitaciones que presentaba ASP a ciertos desarrolladores. Junto con ASP.NET se utiliza C#, Visual Basic .Net o J#. Para su correcto funcionamiento y poder desarrollar aplicaciones de forma adecuada se necesita tener instalado IIS junto con el *framework* correspondiente.

Como ventajas se citan que es un lenguaje de programación orientado a objetos (POO), que cuenta con controles de usuario (los cuales también pueden ser personalizados) y que se tiene una división entre las capas de aplicación, diseño y código. Es óptimo para desarrollar grandes aplicaciones por su entorno sencillo y ofrece mayor seguridad que todos los anteriores.

Como única desventaja citar que implica un mayor consumo de recursos, cosa lógica si se analiza la cantidad de ventajas que ofrece.

 Actividades

13. Explique cómo se definen las variables en PHP. Puede consultar la información por internet.
14. Realice una consulta por internet para obtener un listado de las principales etiquetas que hay disponibles en ASP, así como de su descripción.

Lenguaje JSP

Lenguaje para la creación de sitios web dinámicos desarrollado por *Sun Microsystem*. Con él se pueden crear páginas web en Java y es multiplataforma. Está desarrollado para trabajar del lado del servidor, requiriendo para ello tener instalado un servidor *Tomcat*. Su motor de páginas está basado en los *servlets* de Java.

 Recuerde

Un sitio web estático es aquel en el que un usuario no puede interactuar. Los dinámicos son justamente lo contrario: el usuario puede realizar diferentes operaciones sobre el sitio web.

JSP es muy similar a PHP, pero como diferencia usa el lenguaje de programación. Dado que es tecnología Java implica el uso de la máquina virtual que será la encargada de ofrecer el código dinámicamente compilado.

Como ventaja destaca que JSP permite desarrollar rápidamente páginas dinámicas, aparte de facilitar soporte para introducir código de generación dinámica de HTML.

A continuación, se puede ver un ejemplo de código en JSP:

```
package notas;

import java.sql.DriverManager;
import java.sql.Connection;

public class ConnectionCreator {

    public static java.sql.Connection getSqlServerConnection(String database,
            String servername, int port, String username, String password ) {
        try {
            Class.forName("com.microsoft.jdbc.sqlserver.SQLServerDriver");
            String url ="jdbc:microsoft:sqlserver://" + servername + ":" + port +
                    ";DatabaseName=" + database + ";user=" + username +
                    ";password=" + password;
            Connection conn = DriverManager.getConnection(url);
            if (conn != null)
                System.out.println("---> CONNECTED TO SERVER : "+servername);
            else
                System.out.println("---> UNABLE TO CONNECT TO SERVER : "+servername);

            return conn;
        }
        catch(Exception e) {
            System.out.println("ERROR = "+e);
            return null;
        }
```

Código en JSP

Lenguaje PYTHON

Se trata de un lenguaje de programación interpretado cuyas principales características son:

- Ofrece una sintaxis lo más clara posible.
- Ofrece un código limpio y legible.

Como características de Python destacan que da soporte a la programación multiparadigma, a POO y a programación imperativa y funcional (aunque en menor medida que la imperativa).

A continuación, se muestra una imagen con un ejemplo de código en Python:

```
def add5(x):
    return x+5

def dotwrite(ast):
    nodename = getNodename()
    label=symbol.sym_name.get(int(ast[0]),ast[0])
    print '    %s [label="%s' % (nodename, label),
    if isinstance(ast[1], str):
        if ast[1].strip():
            print '= %s"];' % ast[1]
        else:
            print '"]'
    else:
        print '"];'
        children = []
        for in n, childenumerate(ast[1:]):
            children.append(dotwrite(child))
        print ,'    %s -> {' % nodename
        for in :namechildren
            print '%s' % name,
```

Código en Phyton

Lenguaje RUBY

Lenguaje de programación interpretado, reflexivo y orientado a objetos que se comenzó a desarrollar a principios de los 90. Fue presentado a la comunidad de desarrolladores en 1995. Está basado en la sintaxis de Python y Perl, aunque también interpreta funcionalidades de los lenguajes de programación como: Lisp, Lua, etc.

Como características principales destacan:

- Es un lenguaje interpretado de una sola pasada.
- Su licencia es de *software* libre.
- Orientado a objetos.
- Define cuatro niveles de ámbito de variable:

- Global.
- Clase.
- Instancia.
- Local.

- Da tratamiento al manejo de excepciones.
- Altamente portable.
- Amplia librería estándar.
- Soporta la inyección de dependencias.
- Carga dinámica de librerías en la mayoría de plataformas.

 Sabía que...

Una inyección de dependencia es un patrón o guion de diseño en el que se suministran objetos a una clase en lugar de ser la clase quien crea el objeto.

A continuación, se muestra un ejemplo de código en Ruby:

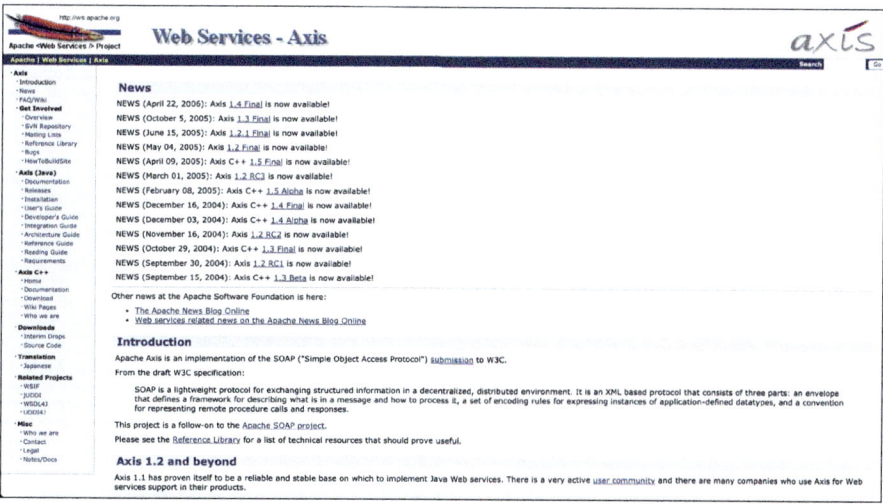

Página de descarga de Metro

 **Actividades**

15. Localice en internet la forma de declarar variables en Python de tipo:

   ▌ Cadena de carácter.
   ▌ Entero.
   ▌ Real.

16. Realice una consulta en internet para obtener información de cómo se llevan a cabo las siguientes peticiones en JSP:

   ▌ Declaración de tipos de variables disponibles.
   ▌ Declaración de variables.
   ▌ Funciones ya incorporadas y disponibles para su uso por parte del diseñador.

4.2. Bibliotecas y entornos integrados (frameworks) de uso común

En el desarrollo de este punto se muestran los entornos integrados más usados para el desarrollo de servicios web distribuidos. Estos son:

- Metro (WSIT).
- Axis1.
- Axis2.
- XFire.
- Apache CXF.
- Spring Web Services.

Metro (WSIT)

Es un paquete de diferentes tecnologías entre las que se encuentran JAX-WS, JAXB, y WSIT (implementación de *web services,* implementación de *XML-Bindings* y *Webservices Intercomunication Tecnology,* que permite comunicar sin problemas *web services* java y .net).

Sabía que...

XML-Binding hace referencia al proceso de representación de la información en un documento XML. Para ello se refiere como un objeto de negocio.

Página de descarga de Metro

Es la actualización del antiguo JWSDP *(Java Web Services Developer Pack)*. Está incluido en *Glassfish* (servidor de aplicaciones de *Sun)* a partir de su versión 2.

WSIT es un proyecto de código abierto que fue implementado por primera vez por *Sun Microsystems* para el desarrollo de tecnologías de servicios web. WSIT implementa las siguientes especificaciones:

- Metadatos:

    - WS-Transfer.
    - WS-Policy.

- Seguridad:

    - WS-Security
    - WS-SecurityPolicy
    - WS-Trust.

- Mensajería:

    - WS-RMP.
    - Transacciones.

Axis1

Apache Axis es una implementación en código abierto de SOAP que proporciona un entorno de ejecución para servicios web implementados en Java. Al implementar Java existen dos formas posibles de efectuar el código como servicio web:

- Archivo JWS *(Java Web Service)*.
- Despliegues a medida (los despliegues van a permitir la adaptación de los recursos que se desean insertar como servicios web).

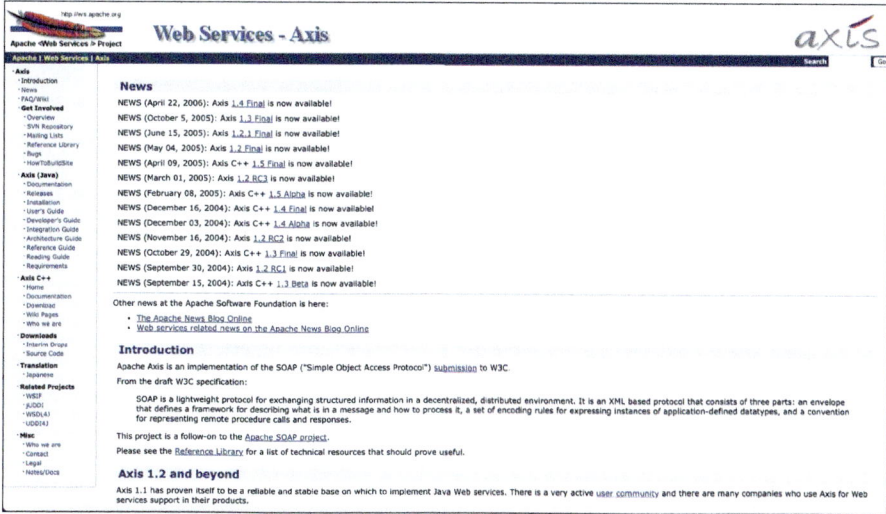

Página de descarga de Axis

Axis proporciona:

- Un entorno de ejecución para *Servicios Web Java* (*.jws).
- Herramientas para crear WSDL desde clases java.
- Herramientas para crear clientes Java desde un WSDL.
- Herramientas para desplegar, probar y monitorizar servicios web.
- Integración con servidores de aplicaciones y contenedores de *Servlets.*

También es considerado como un *framework* de código abierto basado en XML para la implementación de servicios webs. En este caso el servidor SOAP será una implementación de Java y C++. Está desarrollado con los estándares de *Apache Software Foundation.*

Axis2

Fundamentalmente es un motor para la creación o desarrollo de servicios web. A pesar de poder pensar que se fundamenta o basa en *Axis1,* la realidad es distinta. Es un rediseño total existiendo implementaciones en los lenguajes de programación Java y C. *Axis2* permite agregar servicios web a aplicaciones web y además posibilita que funcione como un servidor autónomo sin necesidad de intervención alguna.

Apache Axis2 no solo soporta SOAP 1.1 y SOAP 1.2, sino que también integra soporte REST para servicios web y la posibilidad de integrar al *Spring Framework*.

Actualmente existen cientos de implementaciones de *Axis2* para Java y C.

Recuerde

Existe la posibilidad de configurar Axis2 como un servidor autónomo y funcional (característica no disponible en Axis1).

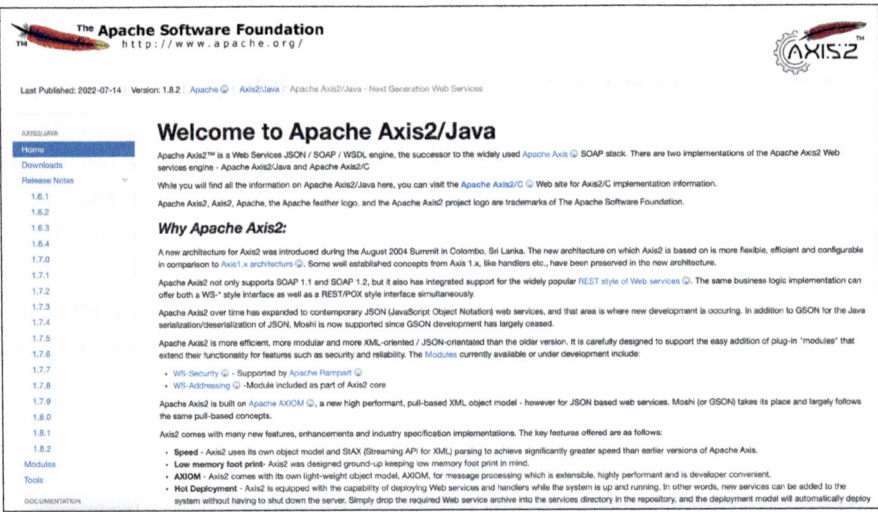

Página principal de Axis2

De entre los soportes que brinda *Axis2* se pueden destacar:

- *WS-SecurityPolicy.*
- *WS-Security.*
- *WS-Trust.*
- *SAML 1.1.*

- *SAML 1.2.*
- *WS-Addressing.*

XFire

XFire es un *framework* para desarrollar servicios web SOAP en Java a través de la sencillez de uso de su API soportada por los principales estándares. Este entorno, al igual que el *Apache Axis,* utiliza componentes del proyecto *Glassfish.* Sigue la filosofía POJO *(Plain Old Java Object)* en la que cualquier clase puede ser un servicio web. No es necesario extender las clases ni implementar ninguna interface para crear un servicio web, principal característica de este *framework.*

Framework XFire

Actualmente el proyecto *XFire* como tal no está activo, sino que continúa bajo la denominación de *Apache CXF.* Fundamentalmente *XFire* se usó como cliente de mensajería instantánea orientada a los videojuegos (mediante un control de registros se sabe en qué servidores están registrados los usuarios del juego y permite realizar operaciones entre ellos). En su etapa final se dotó a *XFire* con la capacidad de establecer llamadas de voz.

Apache CXF

Es un *framework* de servicios de *software* libre. CXF ayuda a construir y desarrollar servicios utilizando JAX-WS como API de programación. Estos servicios pueden manejar una gran variedad de protocolos como SOAP, XML/HTTP, HTTP RESTful, o CORBA, y pueden trabajar sobre transportes como HTTP, JMS o JBI.

Apache CFX brinda una serie de estándares en servicios webs como:

- *SOAP.*
- *WS-Addressing.*
- *WS-Security.*
- *WS-SecurityPolicy.*
- *WDSL.*
- *Capa de transporte HTTP.*
- *Capa de transporte JMS.*

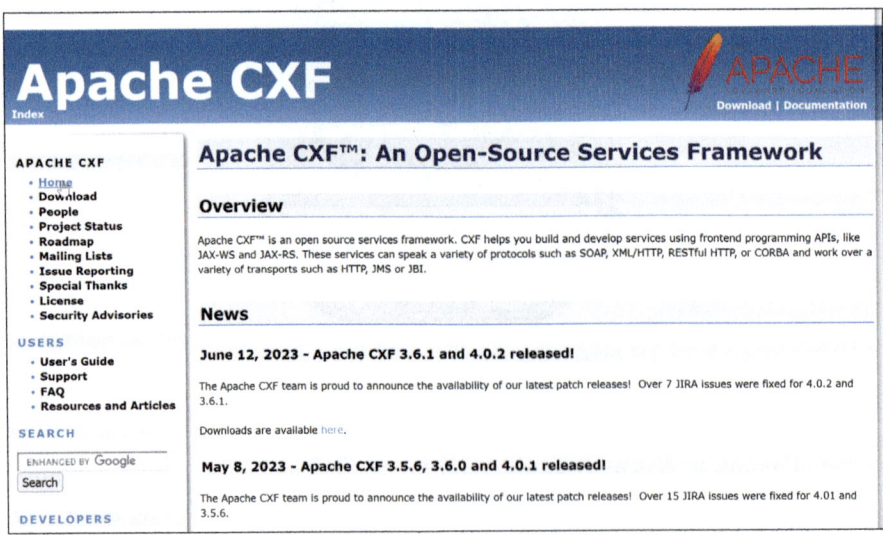

Página principal de Apache CFX

Spring Web Wervices

Es una extensión de *spring* para facilitar la creación de servicios web Java. *Spring-WS* se basa en el concepto de "contrato primero", en el cual se define primero el contrato del servicio y luego se implementa, evitando atar al contrato como sucede en los casos en los cuales se genera el mismo a partir de las clases Java.

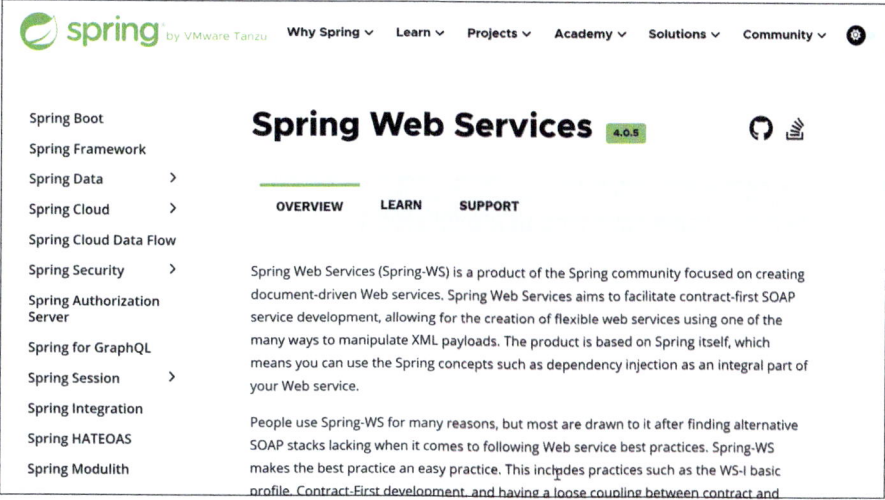

Página principal de Spring Web Services

Se debe considerar a *Spring-WS* como un *framework* para el desarrollo de aplicaciones mediante el uso de la plataforma Java y es totalmente de código abierto. *Spring-WS* proporciona un *framework* con una serie de módulos que van a dar soporte para trabajar con:

- Acceso a datos.
- Gestión de transacciones.
- Modelo Vista-Controlador.
- *Framework* de acceso remoto.
- Procesamiento por lotes.
- Autentificación y autorización.
- Administración remota.
- Mensajes.
- Pruebas de testeo.

5. Resumen

Las diferentes formas de acceder a un servicio web pueden ser:

- Publicación/Suscripción. Gracias al servicio de Publicación/Suscripción se consigue que las aplicaciones no estén íntimamente unidas a una determinada tecnología. Este servicio se va a encargar del manejo de los datos como si fueran mensajes liberando al proveedor de dichos datos.
- Repositorios. Sistema de *software* encargado de almacenar recursos y metadatos y el cual va a proporcionar una interfaz para poder interactuar con ellos, o inclusive con otros repositorios.
- Agentes de usuario. La interfaz que se tiene con el usuario del servicio. Los agentes de usuario van a ser los encargados de interactuar con el usuario a través de un conjunto de elementos gráficos. El mecanismo es simple: se recibe una consulta del usuario en el agente de usuario y este le devolverá los resultados obtenidos de dicha consulta.
- Proveedores y consumidores. El proveedor de servicios es un nodo de la red que va a proveer el acceso a las interfaces de un determinado servicio *software* para realizar una tarea específica. Por el contrario, el consumidor de servicios es un nodo de la red el cual se va a poder conectar a un proveedor de servicios y utilizarlo para implementar una determinada solución a un problema (los proveedores pueden ser gratuitos o bien de pago por uso de sus servicios).

Ejercicios de repaso y autoevaluación

1. **Indique si las siguientes afirmaciones son verdaderas o falsas.**

   a. DCOM es una tecnología creada por Microsoft para el desarrollo de componentes *software* distribuidos sobre varios equipos y que se comunican
   entre sí.

   ☐ Verdadero
   ☐ Falso

   b. IIOP fue creado con la idea de intentar simplificar el desarrollo de aplicaciones web.

   ☐ Verdadero
   ☐ Falso

   c. Java Remote Method Invocation es un mecanismo que pone Java a disposición del usuario para invocar métodos de manera remota.

   ☐ Verdadero
   ☐ Falso

2. **Nombre los componentes de *software* que se necesitan implementar en el servicio
   web distribuido.**

   _____
   _____
   _____
   _____

3. **El componente de presentación en un servicio web...**

   a. ... es el encargado de procesar la información que el usuario introduce en
   la aplicación o componente anterior.
   b. ... está compuesto por los archivos que contienen los datos de la aplicación que el usuario maneja y sobre la cual hace operaciones para obtener
   determinados datos.

c. ... es el que maneja el usuario final y lleva a cabo el procesamiento de los datos y su devolución hacia el servidor.

d. Todas las opciones son incorrectas.

4. Complete los espacios libres de la siguiente frase.

Una web _____ está formada por un conjunto de tareas incluidas en la WWWC mediante la cual se van a poder _____ los datos que sean legibles de forma automática por otras aplicaciones _____.

5. Indique en qué escenarios se puede implementar la arquitectura de dos capas.

_____
_____
_____
_____

6. Señale la respuesta correcta de las siguientes afirmaciones.

a. Gracias al servicio de Publicación/Suscripción se consigue que las aplicaciones no estén íntimamente unidas a una determinada tecnología.

b. Gracias al servicio de Publicación/Suscripción se consigue que las aplicaciones estén íntimamente unidas a una determinada tecnología.

c. El servicio de Publicación/Suscripción se basa en la gestión de agentes de usuario.

d. Todas las opciones son incorrectas.

7. La web semántica no se basa en el componente...

a. ... RDF.

b. ... WSDL.

c. ... XML Schema.

d. ... OWL.

8. Si se habla de "lenguaje mediante el cual se van a implementar ontologías" se está hablando de...

    a. ... XML.
    b. ... SPARQL.
    c. ... OWL.
    d. ... RDF Schema.

9. Complete los espacios libres de la siguiente frase.

    Hay que hacer mención a la arquitectura _____/_____ (sistema donde el cliente es un _____ que solicita un determinado servicio al servidor que es otro equipo que lo _____). Un servicio puede ser un determinado programa o el acceso a unos datos específicos y a sus diferentes _____.

10. Si se dice que "se trata de un lenguaje de consulta de datos, en concreto de los datos generados por el RDF" se está haciendo referencia a...

    a. ... SPARQL.
    b. ... OWL Lite.
    c. ... OWL.
    d. ... RDF.

11. Si se dice que "va a servir para definir ontologías que requieran una clasificación jerárquica y que sus restricciones sean bastante simples" se está haciendo referencia a...

    a. ... OWL Full.
    b. ... OWL DL.
    c. ... OWL Lite.
    d. Todas las opciones son incorrectas.

12. Si se dice que "va a servir para obtener el máximo de expresividad, pero sin ninguna garantía computacional" se está haciendo referencia a...

    a. ... OWL Lite.
    b. ... OWL DS.
    c. ... OWL Full.
    d. Todas las opciones son incorrectas.

13. La cláusula "Where" de SPARQL...

    a. ... devuelve los datos provenientes de una determinada consulta SQL.
    b. ... va a proporcionar el patrón básico para la concordancia de datos.
    c. ... identifica las variables que aparecen en los resultados de la consulta.
    d. Todas las opciones son incorrectas.

14. Nombre las cuatro formas que se tienen de acceder a un servicio web.

_____
_____
_____
_____

15. Indique en qué escenarios se usará la arquitectura de tres capas.

_____
_____
_____
_____

Bibliografía

Monografías

❚ BURNS, B.: *Designing Distributed Systems. Patterns and Paradigms for Scalable Reliable Services.* Massachusetts: Editorial O'Reilly Media, 2018.

❚ CHAWLA, R., CHOPRA, V.: *Servicios Web XML* Madrid: Anaya Multimedia-Anaya Interactiva, 2002.

❚ COULOURIS, G. F., DOLLIMORE, J., KINDBERG, T.: *Sistemas Distribuidos: conceptos y diseño.* Pearson Addison-Wesley, 2001.

❚ LIZCANO Casas, D.: *Sistemas Distribuidos.* Madrid: Editorial Centro de Estudios Financieros, 2023.

❚ NEIRA Álvarez, O. J.: *Principios de los Sistemas Distribuidos basados en Componentes.* Madrid: Editorial Académica Española, 2012.

❚ RIBAS Lequerica, J.: *Web Services.* Madrid: Anaya Multimedia-Anaya Interactiva, 2003.

Textos electrónicos, bases de datos y programas informáticos

❚ Arquitecturas distribuidas, de: <https://learn.microsoft.com/es-es/biztalk/core/designing-a-distributed-architecture>.

❚ BERZAL, F., CORTIJO, F. J., CUBERO, J. C.: Desarrollo profesional de aplicaciones web con ASP.NET., de: <http://elvex.ugr.es/decsai/csharp/pdf/web/web-book-a4.pdf>.

❚ Especificación Formal del Modelo RBAC en el Cálculo de Construcciones Inductivas, de: <http://www.fceia.unr.edu.ar/~crosa/thesis/rosa.2008.pdf>.

❚ Lenguajes de Especificación de Servicios Web Semánticos, de: <http://www.lsi.us.es/docs/doctorado/memorias/Mem_Inv_DEA_FelipeGallego.pdf>.

❚ Modelo RBAC, de: <http://www.fceia.unr.edu.ar/~crosa/thesis/rosa.2008.pdf>.

❚ Principios de Web Services, de: <http://usershop.redusers.com/media/blfa_files/lpcu104/capitulogratis.pdf>.

❚ Recursos para aprender diseño y programación web, de: <https://uniwebsidad.com>.

❚ Servicios Web, de: <http://www.sc.ehu.es/acwlaalm/sdi/introduccion-slides.pdf>.

❚ Sistemas y arquitecturas distribuidas, de: <http://www.sc.ehu.es>.

❚ W3SHOOLS, de: <http://www.w3schools.com/>.